朝日新書
Asahi Shinsho 905

ポテトチップスと日本人

人生に寄り添う国民食の誕生

稲田豊史

朝日新聞出版

ポテトチップスと日本人

人生に寄り添う国民食の誕生

目次

※本文中、消費税導入以降の商品価格は税込みで表記しています

図版作成／師田吉郎

序　章

2017年のポテチ会

日本人にとってなくてはならない菓子

ジャガイモを薄切りにして油で揚げ、塩をはじめとした各種調味料をまぶしたもの。それがポテトチップスだ。

つまんで口に入れると、表面に付着した調味料がまず舌を刺激する。続いてパリッとした小気味良い咀嚼《そしゃく》音《おん》が脳に響き、イモのうまみが調味料と絶妙なマリアージュを奏でる。咀嚼を続けると、唾液中の消化酵素であるアミラーゼによってジャガイモのデンプンが麦芽糖に変わり、口中を甘みで満たす。ごくんと嚥下《えんげ》して胃が満たされる。間髪入れず、次のチップスに手が伸びる。

至福のエンドレスループだ。

日本においてポテトチップスは、スナック菓子売り場でもっとも良い場所に陳列されていて、その種類は目移りするほど豊富だ。

塩味、のり塩、コンソメという三大フレーバー[*1]を基本に、チーズ、バター、醤油、サワークリーム、ブラックペッパーに柚子胡椒《ゆずこしょう》にごま油にガーリック、海老《えび》やレモン、黒トリュフ塩やキャビア。期間限定のご当地ポテトチップスとして「ねぎ」だの「手羽先」だの「餃子」だのまでフレーバーにしてしまうこともある。[*2] 特にコンビニの場合、頻繁に商品が入れ替わるので、消費者が飽きることはない。

ジャンク志向に振った濃い味・ハイカロリーなものもあれば、ジャガイモ、塩、油しか使っていないヘルシー志向の無添加商品もある。一般的な薄切りタイプもあれば、ギザギザにカットしたものや堅揚げタイプもある。輸入食料品店に行けば、日本のものとはまったくテイストの異なる海外ポテトチップスがずらりと並んでいる。

日本はポテトチップス天国だ。

日本人がいかにポテトチップス好きかを象徴していたのが、2017年の通称「ポテチショック」である。前年に北海道を襲った台風の影響でジャガイモが不足し、店のポテトチップス棚がスカスカになると、大手メディアは「一大事」とばかりにこれを報じた。ポテトチップスの供給不足は、この国ではそれなりのニュースバリューとなる。

2020年以降のコロナ禍においては、各社のポテトチップス売上が軒並み伸長した。外出が憚《はばか》られる中、ストレスや不安を抱え、慣れないリモートワークに四苦八苦する日本人を陰で支えたのは、「家でポテトチップスを存分に食べる」というささやかな愉悦だったのかもしれない。

それほどまでに日本人にとって身近、かつ手放せないおやつであるポテトチップスが、一体いつ日本に登場したかご存知だろうか。

1962年、湖池屋「のり塩」発売

日本における国産ポテトチップスの元祖は、1950年に設立されたアメリカンポテトチップ社の「フラ印《じるし》アメリカンポテトチップ」とされている。同社を設立したのは、戦後にハワイから日本に帰国した濱田《はまだ》音四郎《おとしろう》（1911－没年不明）だ。

ただ、当時のポテトチップスは、一般庶民がおやつとして気軽に食べるようなものではなかった。

「フラ印」のポテトチップスは駐留米軍専用のビアホールほか、高級ホテル、一部の高級スーパーなどへ限定的に卸していた。「子供のおやつ」ではなく、「高級おつまみ」という位置づけだったのだ。国内ポテトチップス市場で第2位のシェアを持つ湖池屋の現会長・小池孝《こいけたかし》（1956－）によれば、当時のポテトチップスは「高級バーなどで出されており、現在の物価に換算すると1皿1000円程度」もした。

日本におけるポテトチップスの立ち位置を大きく変えたのは、1962年に孝の父・小《こ》池和夫《いけかずお》（1927－2009）がおつまみ屋として創業していた湖池屋が、「湖池屋ポテトチップス　のり塩」を1袋150円で発売したことだ。こうしてポテトチップスは一般庶民が買えるおやつとなり、1967年にはオートメーションを導入して量産化を実現。前後して、たくさんのメーカーがポテトチップス市場に参入した。

発祥の地と言われるアメリカではポテトチップスの基本フレーバーが「塩」であるにもかかわらず、湖池屋が第一弾として発売したポテトチップスのフレーバーが日本独自の「のり塩」だったことは、実に示唆的だ。やや大げさに言うなら、日本におけるポテトチップスの運命はこの時点で決まっていた。日本で一般向けに発売されたポテトチップスは、最初から〝和風〟だったのだ。

「カルビーより湖池屋が先だったのか」と意外に思われる方もいるかもしれない。カルビーは2023年現在、ポテトチップス市場シェアの7割以上[*3]を占める国内ナンバー1ポテトチップスメーカーだが、ポテトチップス市場への参入は意外に遅く、1975年である。

ただし、カルビー参入が日本人とポテトチップスとの関係に作用した影響はあまりにも大きい。カルビー参入前のポテトチップスは、「日本全国どこのスーパーにでも置いてある定番の菓子」ではなかった。

2023年現在の年配世代、概ね60代半ば以上の方にヒアリングすると、1960年代にポテトチップスがポピュラーなスナック菓子だったという認識の人はそれほど多くない。その世代にとって思い出深い60年代のスナック菓子といえば、「かっぱえびせん」（カルビー製菓〈現・カルビー〉、1964年発売）や「カール」（明治製菓〈現・明治〉、1968年発売）のほうが先に挙がる。

そういった中でカルビーは1975年、ポテトチップスを100円という廉価で売り出し、翌年からTVCMで大々的に宣伝。ポテトチップスの国内市場を爆発的に拡大させた。日本のポテトチップス産業は、「フラ印が先鞭をつけ、湖池屋が量産化し、カルビーが大衆化した」と形容できる。

ちなみに「かっぱえびせん」の主な原料は小麦粉とエビ、「カール」はトウモロコシ。つまりジャガイモではなかった。ジャガイモ原料のスナックとして、なぜポテトチップスが急速にその地位を高めていったのか、日本人の舌に短期間で馴染んでいったのかは、本書全体のテーマとしてじっくり考察する。

「ポテトチップス」の定義

原料の話が出た。改めて、本書におけるポテトチップスの定義を述べておきたい。

先述したように、ポテトチップスは「薄切り（スライス）したジャガイモを油で揚げ、味付けしたもの」だが、ここで区別しておきたいのは、「シューストリングポテト」と呼ばれる、ジャガイモをスティック状にカットして揚げたものだ。スティックタイプの「カラムーチョ」などがこれに当たるが、本書でこれらはポテトチップスとはみなさないものとする。

悩ましいのが、「成型ポテトチップス」あるいは「ファブリケートポテト」と呼ばれる製品だ。『2016年 食品マーケティング便覧』（富士経済）によれば、「ファブリケートポテト」の定義は「原料のジャガイモをつぶして油脂や調味料と共に成型・加工した商品」。別の言い方をするなら、ジャガイモを一度フレーク状にしてから、さまざまな形に固め直し、油で揚げるなどしたものである。

このうちスライスしたチップス形状の商品としては、「チップスター」（ヤマザキビスケット）や「プリングルズ」（日本ケロッグ）や「ポテトチップスクリスプ」（カルビー）などがあり、非チップス形状では「じゃがりこ」（カルビー）、「ポテコ」（東ハト）、「ポテロング」（森永製菓）などがよく知られている。

本書ではファブリケートポテトのうち、チップス形状のもの（成型ポテトチップス）はポテトチップスに分類する。要は、一般の人に「これはポテトチップスかどうか？」と聞いて「Ｙｅｓ」と返ってくる（率が高い）ものがポテトチップス。言わば「見た目主義」の立場を取りたい。

実は成型ポテトチップスを「ポテトチップス」と呼んでよいかどうかは、ポテトチップス好きの間でも意見が分かれる。同様に、ジャガイモを薄切りではなく細切りにして揚げた、つまりポテトチップスとカットの仕方が違うだけのシューストリングポテトをポテトチップスの仲間とするかどうかも、ひと議論ある。まるで「ミスチルやスピッツはロックと呼べるか？」にも似た、面倒くさい議論がマニアの間では時おり勃発するのだ。

ただ、少なくとも成型ポテトチップスに関しては、開発経緯（第3章で詳述）がポテトチップスというものの本質的な性質・属性に大きく関係しているため、その意味でもポテトチップスとみなしたい。

ジャガイモ加工食品の7割以上はポテトチップス

日本はポテトチップス天国だと述べた。では、日本人はいったいどれくらいのポテトチップスを食べているのか。日本スナック・シリアルフーズ協会のデータを引いて、ジャガイモ原料のスナック菓子を出荷金額ベースと数量ベースで見てみよう。本書におけるポテトチップスの定義に従うと、左記「＊」がポテトチップスに該当する。

■ポテトチップス　合計1740億円（14万3722トン）
・スライス　1097億円（9万6526トン）＊
・シューストリング　58億円（4754トン）
・その他　585億円（4万2442トン）

■ファブリケートポテト（成型）　合計313億円（2万8830トン）
・スライス　199億円（1万9836トン）＊
・その他　114億円（8993トン）

出典：日本スナック・シリアルフーズ協会「スナック菓子の年別出荷数量及び金額」（2021年）

実は、出荷金額は近年上昇傾向にある。

スライスタイプのポテトチップスだけを抜き出してみると、2004年の出荷金額は739億円（7万3743トン）だったが、2008年には800億円台に、2013年には900億円台に伸長した。2015年以降は、2017年の990億円を除いて毎年1000億円台をキープ。2021年は1097億円（9万6526トン）なので、17年間で1・5倍にも伸長していることになる。ちなみに2017年の減少はジャガイモの不作による影響（第5章参照）なので、需要自体が下がったわけではない。

基本的に子供のおやつである／あったはずのポテトチップスが、少子化が進む我が国において、なぜこんなにも売上を伸ばしているのかは、論じがいのあるテーマだ。

日本人のポテトチップス好きは、日本人がジャガイモを「どう食べているか」を数字で見ると明らかになる。

端的に言えば、近年の日本ではジャガイモの「生食用《せいしょく》」消費（生ジャガイモの販売、もしくは農家の自家食）が基本的に減少基調にあるが、対照的に、加工食品としての消費、つまりポテトチップスをはじめとしたジャガイモ原料のスナックや冷凍食品などで食す機会は増大している。

1998年度と2021年度のジャガイモ用途別消費を比べると、[*4] ジャガイモ全体の生産数量は307・3万トンから217・6万トンと3割も減っている。ただ内訳を見ると、「生食用」のうち「販売用」が63・3万トンから45・4万トンに減少した一方で、加工食品用は53・2万トンから57・7万トンと微増した。それに貢献したのがポテトチップスで、同期間中の消費は31・3万トンから40・8万トンへと大幅に増加。この40・8万トンは、加工食品全体（57・7万トン）の7割以上を占める。

つまり、日本では「ジャガイモ加工食品」の7割以上がポテトチップスなのだ。

結論。近年の日本人は、ジャガイモ料理はあまり食べないが、ジャガイモ原料のポテトチップスは年々食べる量が増えている。

なお、カルビーの国内食品売上の約6割はジャガイモを原料としたスナック菓子であり、その中でもっとも高い売上（約66％）を占めているのは、言うまでもなくポテトチップスだ。[*5]

ちなみに、日本人ひとりが1年間に消費するジャガイモは二十数kgというところであり、[*6]2019年時点の世界平均が32・4kg[*7]なので、そこからするとかなり少ない。

ジャガイモ消費量が上位なのは、ルワンダやアルジェリアといったアフリカ諸国、ペルーやボリビアといった中南米、ベラルーシやラトビアやポーランドやウクライナといったヨーロッパ諸国、カザフスタンやキルギスといった中央アジア諸国だ。こういった国々では、ジャガイモは高頻度で「料理」として供される。しかし日本人は食事における炭水化物を主に白米やパンで摂《と》るので、ジャガイモを料理としてはそれほど食べない。

また、ポテトチップス発祥の国と言われるアメリカは、一人あたりの年間消費量が49・6kg（2019年）と日本の2倍程度もあるが、その理由はフレンチフライ（日本では「フライドポテト」という和製英語で呼ばれる）としての消費量がとても多いから。マクドナルドのポテトは言うに及ばず、肉料理の付け合せでフレンチフライは定番であり、それらは日本人が驚くほど山盛りだ。

日本では「スナック菓子の王様」

日本人はポテトチップスを食べる量が年々増えている——とはいえ、一人あたりの購入

一人あたりのスナック菓子年間購入量（2015年）

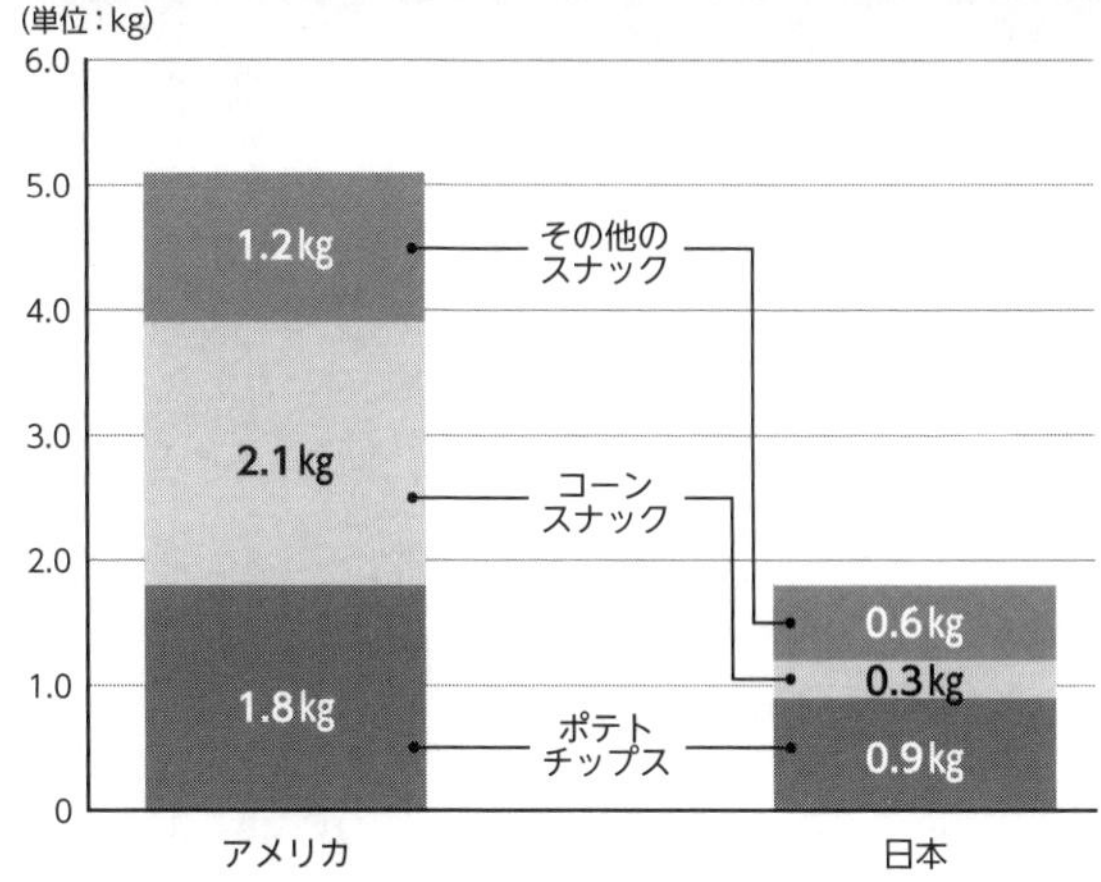

資料提供協力：湖池屋

量はアメリカに遠く及ばない。2015年時点でのアメリカ人と日本人の一人あたりのポテトチップス購入量を比較すると、アメリカ人が1・8kgに対して日本人は0・9kgと半分である（ただし、日本人は2021年に1・2kgもポテトチップスを食べた。その理由は第5章で述べる）。

しかし、だとしても、本書は以下の2点において「日本人はポテトチップスが好きな国民である」と断定したい。

まず、ポテトチップスは世界中で食べられているが、特に欧米では、おやつとしてだけではなく食事の延長（料理の一部、飲酒時のおつまみ、パーティーでディップをつけて、等）としても相当量が食べられていることは留意しておきたい。この点は、湖池屋 マーケティング本部 マーケティング部の中山和久《なかやまかずひさ》も強調するところだ。「昨今では健康志向によりやや減ったが、かつてアメリカでは、小学生の子供たちが持参する弁当で、サンドイッチ、りんご、ポテトチップスの取り合わせは定番だった。アメリカ人にとってポテトチップスは、フレンチフライとほぼイコール。日本に比べておやつと食事の垣根が低い」(同氏)

カルビー3代目社長の松尾雅彦《まつおまさひこ》(1941-2018)も、「米国ではポテトチップを食事前のビアタイムに供されることが多く、ディップソースと共に様々な調味を味わうことができる。この食シーンに対し、わが国では主として間食で用いられるようになり」という認識だった。[*8] 小池孝も「アメリカだと、メインとなるポテトチップスの味は塩味、要するに食事。お腹が空いた時や料理の添え物として食べる。一方、日本のポテトチップスやポテトスナックはお菓子。だからいろいろな味がある」と、2021年の取材で筆者に語った。

日本では湖池屋の「のり塩」発売以降、ポテトチップスは基本的におやつとして食べられてきた。おやつ需要に限ること、かつ日本人は総じてアメリカ人より小柄であることも考慮するなら、「ポテトチップス購入量がアメリカ人の半分」は決して少ない量ではない。

日本人は「食事として」ポテトチップスは食べないが、「おやつとして」ポテトチップスはよく食べる。

そして、「日本人はポテトチップスが好きな国民である」と言い切れるもうひとつの理由が、スナック菓子におけるポテトチップスの「地位」だ。

P.21の図を見ると、スナック全体におけるポテトチップス購入量の〝割合〟はアメリカ人が35%であるのに対し、日本人は50%。それが示すように、日本ではどのスーパー、どのコンビニのスナック菓子コーナーに行っても、ポテトチップスが一番良い位置にあり、一番多くの棚を専有している。

アメリカではポテトチップス(年間1・8kg)よりも、「ドリトス」「チートス」といったトウモロコシが原材料のコーンスナック(年間2・1kg)のほうが上回っており、実際に棚の占有比率もそれに準じている。なお中山によれば、コーンスナックの8割はヒスパニック系住人がよく食べるトルティーヤから派生したトルティーヤチップス。その意味でも、アメリカのスナック類に帯びる「食事」の性質は日本より強い。

2021年の数字[*9]を見ると、日本のスナック菓子全売上3035億円のうち、ジャガイモ原料のスナック菓子は実に2053億円(P.17)。つまり3分の2以上だ。それ以外はコーン系スナックや小麦系スナックなどである。本書におけるポテトチップスの定義（スライス型のポテトチップス＋スライス型のファブリケートポテト）だけで計算しても1296億円、スナック菓子全体の42・7％を占める。なお、巷の記事などで「ポテトチップスの市場規模はスナック全体の半分以上を占める」などと書かれることがあるが、これはスナック菓子全体（3035億円）に占める「ポテトチップス」カテゴリ全体（1740億円／P.17）の割合、57・3％を指している。

と、計測方法はさまざまだが、「42・7％」であれ「57・3％」であれ、日本においてポテトチップスが「スナック菓子の王様」であることは間違いない。

また、これは複数の国内ポテトチップスメーカーが認めるところだが、フレーバーのバリエーションや次々と市場投入される新製品の数、製法の創意工夫や品質に関して、日本のポテトチップスは間違いなく世界一の水準だ。カルビー マーケティング本部 ポテトチップスチーム ブランドマネジャーの御《み》澤《さわ》健一《けんいち》も、日本のポテトチップス市場ならではの特性として「新商品の発売数が圧倒的に多い」点を挙げた。

無論、欧米諸国のポテトチップスも種類は多い。しかし湖池屋・中山によれば、ポテトチップスの本場アメリカでは、基本となるフレーバーは6種類しかない。その6種類とは、塩、バーベキュー、サワークリーム&オニオン、ソルト&ビネガー、ホットチリやハラペーニョなどの辛い系、そしてチーズだ。メーカーやブランドが変わっても、この基本6フレーバーは基本的に変わらない。多種類に見えても、大半がこの6種のアレンジか派生であり、日本ほど「あらゆる食材を網羅」するような多様性はないのだ。なおアメリカでは、その6フレーバーの売上の半分以上を塩が占める。

ポテトチップスやジャガイモについての国内有数の在野専門家であり、同人誌『ジャガイモ学――日本ポテトチップス史』なども制作する大谷号《おおたにごう》は、「もともと日本の菓子は、品質面や安全面の追求において世界的にも群を抜いている。外国のポテトチップスは1袋に数枚程度、黒ずんでいたり緑色のチップスが混ざっていたりするが、日本のポテトチップスは数袋に1枚程度。選別ひとつとっても海外のものに比べて一段上。ジャガイモ品種に対しても強いこだわりと高い意識を持っている」と評価する。[*10]

量ではなく多様性や質の点で、日本は世界に冠たるポテトチップス王国なのだ。

大の大人もポテトチップスが好き

なぜ私たちは、こんなにもポテトチップスが好きなのだろう?

この疑問こそが、この本を書こうと思った最初にして最大の理由だ。この「私たち」には、筆者自身がそうである「日本人」という注釈がつく。そしてこの注釈こそが、本書全体を統《す》べる重要なキーワードとなる。

疑問を抱いたきっかけは、自身のポテトチップス好きが高じて2017年の暮れに始めた「ポテチ会」という仲間内での集まりだ。親しい友人たち数人に声をかけ、「自分のいち推しポテトチップスを持ち寄り、食べ比べをしよう」と提案した。

名付けて、「ポテチ・オブ・ザ・イヤー2017」

筆者はポテトチップス好きだが、一度にたくさんの種類を食べる機会はなかなかない。ひとりで複数種類を買い集めたところで、全部を食べ切ることはできないからだ。快適に完食できるのは、胃のコンディションが最高に良い時でも、せいぜい2袋である。

食べ切れなかった分は残しておいて、後日食べればいい……とはならない。ポテトチップスは油で揚げているので、開封後は油の酸化が進み、時間が経てば経つほど味が落ちていく。本書でも言及することになるが「酸化との戦い」はポテトチップス発展史の中では非常に重要だ。

その点、1人1袋の持ち寄りなら、理論上は1人が1袋分のポテトチップスを食べれば、少しずつ全種類を味わえるうえ、余らないはず。「少量ずつ、多種類」は、日本人が大好きな幕の内弁当と同じだ。

ところが思惑は外れた。1人1袋どころか、友人たちがひとりで2袋も3袋も持ってきてしまったからだ。結果、胃ははちきれそうになったが、8人で20種類以上のポテトチップスを食べ比べることができた。一言、至福だった。

「ポテチ・オブ・ザ・イヤー」と銘打つだけに、会では持ち寄られたポテトチップスに順位をつけることにした。参加者には1人20点の持ち点を与え、食して気に入ったポテトチップスに持ち点を自由に配分して投票させる。Aというポテトチップスに20点すべてを投票してもいいし、A、B、C、D、Eというポテトチップスに10点、4点、3点、2点、1点、などと振り分けてもいい。

参加者には小さな丸いシールを20点分、20枚を渡した。それをエントリーポテトチップスがマジックで手書きされた模造紙に、棒グラフの要領で貼っていく。そうして得票数がもっとも多かったポテトチップスが「優勝」というわけだ。

この「ポテチ・オブ・ザ・イヤー」、実は信じられないほど盛り上がった。皆、ものすごく〝語る〟からだ。

「同じ塩味でも、あっちよりこっちのほうがしょっぱいし、うま味のある塩を使ってるね」「このイギリスのポテチ、キャビア味？　なんか生臭くない？」「でもクセになるね。私、嫌いじゃない」「このシューマイ味、完全にキワモノだね。期間限定ものって、味が雑なやつ多くない？」「これ、ジャガイモの土臭さが強すぎるから苦手」「そうかな？　私はこれ、ちゃんと〝イモの味〟がするから結構好き」「ねえねえ、このコンソメ味、高級レストランのコンソメスープみたい」「俺はビールでいきたいね」「いや、しょっぱいものにはコーラでしょ」「ポテチの味を正確に味わうには麦茶が一番！」

会が終わり、胃もたれ気味の20代から40代の男女は、口々に言った。

「絶対、またやろう！」

後日、会の模様をFａｃｅｂｏｏｋに写真つきで投稿したところ、他の友人たちからものすごい反響を得た。聞いてもいないのに自らの推しポテトチップスをURL付きで詳しく紹介する者、うんちくと持論を展開する者、なぜ自分を呼んでくれなかったのかと抗議する者、次の開催を切望する者。皆、特に「ポテチ好き」や「ポテチマニア」を自称しているような人たちではない。ごく普通の30代から40代の男女である。

驚いた。皆、そんなにポテトチップスが好きだったのか、と。以降ポテチ会は、新型コロナウイルス感染拡大までの間に数回開催され、都度大きな盛り上がりを見せることとなった。

ポテトチップスは人を選ばない

大人が集まって何かを口にし、論じ合う会と言えば、日本酒会やワインの飲み比べなどが思い浮かぶ。昨今ではクラフトビールなどもそこに含まれるだろう。ただ、アルコールが苦手な人、体質的にアルコールが受け付けない人は参加できない。妊婦や未成年もだ。

寿司や高級肉などを名店で食すようなグルメ会もある。「なかなか予約が取れなかったあの店、個室が取れました。参加希望者はメッセください」。Ｆａｃｅｂｏｏｋでは時おり、そんな投稿を見かける。しかし、そういった店はたいてい単価が高い。店が名店であるがゆえの一見《いちげん》さんお断りムードや、〝美食家〟たる主催者に対する感謝・尊敬しぐさを強要されることが煩わしい、と感じる人もいるだろう。

また、そういった会で何かを語るには、食材についてある程度の知識や素養が必要だ。日本酒なら米の種類や蔵、精米歩合や製法。ワインなら産地やブドウの種類、年による出来不出来。寿司なら魚の名前や産地、肉なら部位や火入れの具合についてなど。

無論、知らなくても味わうことはできる。が、「詳しくなければ参加しにくい」という心理的なハードルの高さは厳然として存在する。

ポテチ会には、そういったハードルがない。

お菓子なので、アルコールと違って老若男女誰でも食べられる。多くの日本人に馴染み深いスナック菓子なので、誰もが何かを言える。白米について日本人の大半が「ふっくらしていておいしい」「もっちりしていて好み」などと言えるのと同じ。ここに、文脈や前提知識は必要ない。

知識や素養がなくても、誰もが何かを語ることができ、誰もが話に参加できる。マニアックな知識披露合戦に参加する必要がない。うんちくは存在するが、酒や高級食材と違ってそこに権威性が帯びることはないので、うんちくは牧歌的なトリビアの域に収まる。〝初心者〟も気後れしないで済む。

ポテトチップスは〝寛容〟だ。年齢、性別、肩書、国籍を問わず楽しめる。安価で手に入れやすいので、レア食材の手配に必要な「財力」や、遠方への食べ歩きに必要な「時間」もほとんど必要としない。

好きなポテトチップスを持って訪れて、食べて、思うままに感想を述べればいいだけ。

日本酒やワインのような味覚を表現する定番の表現（淡麗、フルーティ）も、今のところ確立されたものがないため、マニアからのダメ出しやマウンティングを食らうこともない。

いわゆる食事会の類いで、ポテチ会ほど友愛にあふれた集まりを、筆者は他に経験したことがない。ポテトチップスきっかけで、こうも話題が途切れないのかと、開催するたびに驚く自分がいた。

貧しい日本にうってつけのプチ贅沢と多様性

「財布に優しい」はポテチ会の良いところだ。

大人同士がホームパーティーなどを企画する場合、ホストはそれなりの料理を準備する必要がある。人数分の料理を作るのは大変な手間と時間と材料費がかかるし、参加者が料理や手土産を持ち寄るにしても、〝それなりのもの〟を〝それなりの店〟で買う必要があり、けっこうな出費を必要とする。ケータリングやウーバーイーツのようなデリバリーサービスを利用するにしても、店選びにはセンスを求められるし、価格もまあまあ高い。

その点ポテトチップスは――昨今は原材料費とエネルギーコストの上昇により1グラムあたりの価格が上昇している感はあるものの――デパ地下で見栄えのいい惣菜やおしゃれ

なパンなどを買うのに比べれば、ずっと安い出費で済む。普通の国産ポテトチップスは、多くが1袋100~200円台で収まるし、海外の高級ポテトチップスであっても、1袋600円を超えることはめったにない。

しかも〝高級〟とはいっても、いつも食べているポテトチップスの値段に数百円乗せるだけだ。たったそれだけの追加出費で相当な特別感が味わえるのも、ポテトチップスの長所である。

ポテトチップスは費用対効果が非常に高い。収入がさっぱり上がらず物価と税金だけがどんどん上がる現代日本にとっては、うってつけのプチ贅沢だ。第5章で言及する、2010年代の高価格帯・プレミアム路線が成功した理由のひとつはそこにある。

イベントとしてのポテチ会の成功の所以は、現代日本でポテトチップスが老若男女から愛されている理由そのものだったのだ。

持てる財力によって食す者を限定しない。門戸が開かれている。ポテトチップスは今ふうの言葉で言うなら、インクルーシブな（誰も排除しない）食べ物だ。第1章で詳述するが、このことは、ポテトチップスの原料であるジャガイモがヨーロッパで〝貧者〟の生命線として重宝されてきた近代史をも思い起こさせる。

また、インクルーシブと対になって使われる言葉にダイバーシティ（多様性）があるが、ポテトチップス自体が——特に日本では——非常にダイバーシティを体現する菓子であることは強調しておきたい。冒頭で述べたように、日本のポテトチップスの商品バリエーションはとにかく多彩。消費者の嗜好の多様性を完璧にカバーしているのだ。

その多様性を担保するのが、原料となるジャガイモの「汎用性」である。ジャガイモはどんな味付けにも合う。

食文化に造詣が深い編集者、ライターの畑中三応子《はたなかみおこ》は、ある取材で日本を代表するシェフがつぶやいた「フランス料理で一番重要な野菜はジャガイモ」という言葉が忘れられないという。それほどまでにジャガイモは加工・製法の応用バリエーションが豊富なのだ。味付けにしても「チープなものから高級なものまで、およそ合わないものはない」（畑中）だけに、その加工食品であるポテトチップスに乗せられるフレーバーの範囲が広いのも納得がいく。

国民食として、欲望の充足装置として

再び問いに戻ろう。なぜ私たち〈日本人〉は、こんなにもポテトチップスが好きなのだ

ろう？

そもそもポテトチップスは海外発祥のお菓子であるばかりか、原料であるジャガイモが戦中戦後の日本で「仕方なく食べる代用食」として嫌われていた時期もあった。

また、日本には昔から穀物を主原料とした「しょっぱい菓子」として、うるち米を原料とした煎餅《せんべい》や、もち米を原料としたおかきなどがあったが、2021年の総務省「家計調査年報」によると、世帯主の年齢が50代と60代の間で「せんべい」と「スナック菓子（そのもっとも多くを占めるのがポテトチップスだ）」の年間購入額が綺麗に逆転する（次ページ参照）。多くの人が若い頃に慣れ親しんだ菓子を年をとっても食べ続けることを考えれば、これほどまでに日本人の嗜好の変化をわかりやすく表している棒グラフはない。

畑中は著書『ファッションフード、あります。――はやりの食べ物クロニクル』（ちくま文庫、2018年）で「近代の日本ほど西洋料理を熱心に取り入れて食の仕組みを激変させた国は、世界中を探しても類を見ない」と指摘した。文明開化による肉食の浸透や洋食ブームがそれに当たるわけだが、この「西洋料理」に、1970年代に突如スナック菓子の王様に躍り出たポテトチップスを含めてもよいのではないか。

海を渡ってやってきたポテトチップスが「ガラパゴス的に」日本人の味覚に合うよう独

せんべいとスナック菓子の1世帯あたりの年間購入額（二人以上の世帯）

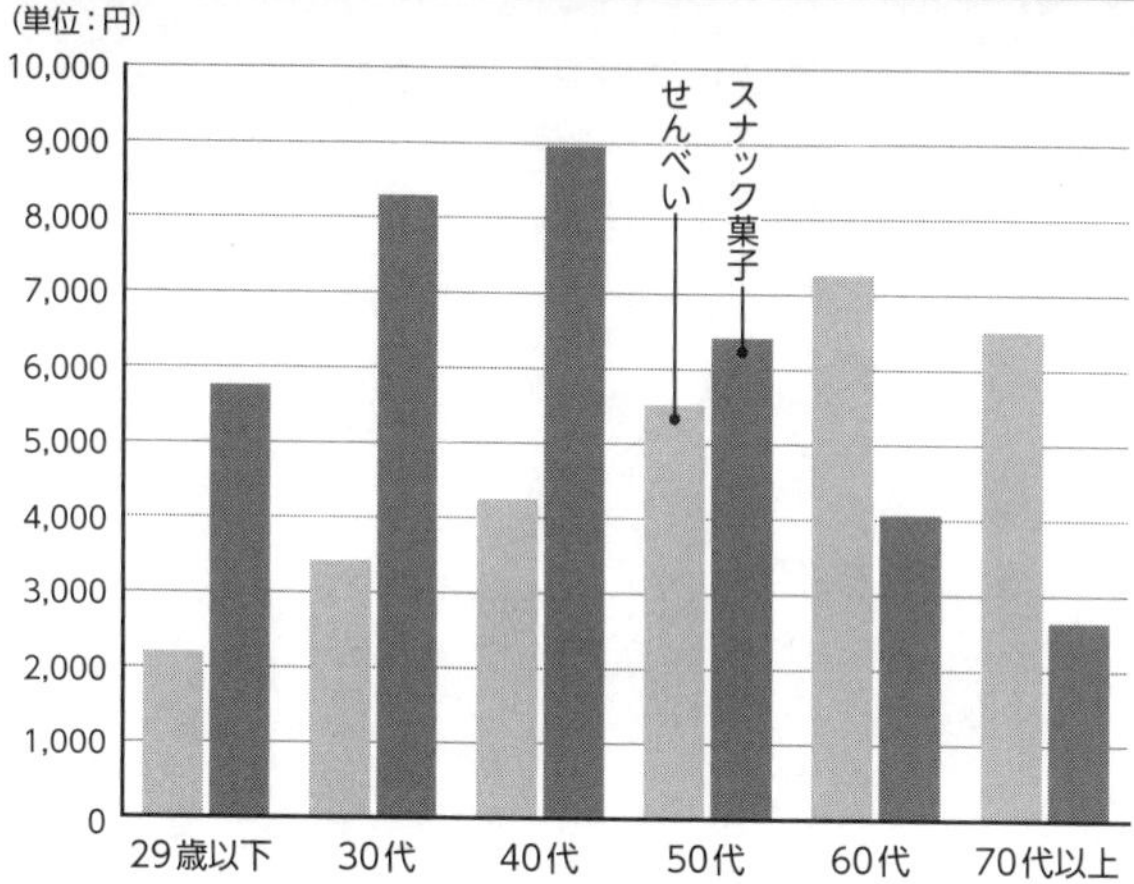

総務省統計局「家計調査年報（家計収支編）2021年（令和3年）」をもとに筆者作成

自進化を遂げ、現在では完全に日本食化・和食化、そして「国民食」化されたという点は重要だ。

国民食とは、ある国の大衆に親しまれている食品や料理のこと。『三省堂国語辞典 第八版』では「その国の人たちが特に好む、代表的な食べ物」と説明されている。ここに「国民の食生活に必要不可欠」という要件を追加してもよいだろう。

日本人の国民食として代表的なものは、米飯や味噌汁、寿司や天ぷら、そばやうどん、そして外国発祥ながら日本で独自進化を遂げたカレーライスやラーメンも該当する（『三省堂国語辞典』にもこの2つが例示されている）。この並びに当然ポテトチップスも加わるべきであるというのが、本書の主張である。

さらに本書では、ポテトチップスが戦後「急速に」日本人に愛されるようになった理由を、ポテトチップスが日本（人）の欲望をいつの時代も正確無比に満たし続けてきた「欲望の充足装置」であったから、として論を進めていく。

日本は戦後の高度経済成長期を経て豊かになった。人々がただ生きていくことに精一杯だった戦中戦後とはうって変わり、生活必需品だけでなく嗜好品や娯楽にも相応のカネをかけられるようになった。生活に余裕が出てきた。

ここで立ち現れてくるのが、「欲望」である。

古今東西、人間は食うや食わずの日々を送っている状況下で食べ物に注文などつけない。安く、栄養豊富で、腹がいっぱいになればそれで満足する。

しかし社会が豊かになり、生活に余裕が出て毎日食べるものに不自由しなくなると、食に関して誰しも少しずつわがままを主張しはじめる。「もっと私の好みに合ったものが食べたい」「快適に食べたい」「お腹が空いているわけではないが、何か刺激的な味覚を楽しみたい」

日本人によるポテトチップスの受容史・需要史はそのまま、日本社会が豊かになり、日本人が食に対してささやかなる欲望をむき出しにしていった過程の映し鏡でもある。そんな国民の欲望を微《び》に入《い》り細《さい》を穿《うが》って満たそうとするポテトチップスメーカーの努力は、日本ならではの「おもてなし」精神の体現であり、ひいては高度経済成長期に日本の商品やサービスが世界的に高い評価を得ていった理由でもあった。

時代と寝た、痒いところに手が届く、国民を甘やかし続けた「欲望の充足装置」たる嗜好品として、酒やタバコよりも広い射程で老若男女に届き、大衆に愛され、やがて国民食化したのが日本のポテトチップスだ。

日本社会が変わるとき、そこにはいつもポテトチップスがあった。あるいは時代ごとに移ろう日本人の欲望が、ジャパニーズ・ポテトチップスを進化させていった。「国策」が生み、「団塊ジュニア」が育て、「下流社会」が発展させた、ポテトチップス・イン・ジャパン。そんな日本人とポテトチップスとの関わりの軌跡を、本書は全5章で追いかける。

第1章「ジャガイモを受け入れた戦後日本——日本食化するポテチ」では、ポテトチップスの誕生から日本への流入、湖池屋の「のり塩」発売をハイライトに、その背景にあった日本におけるジャガイモの需要史を概観する。

第2章「団塊ジュニアの胃袋を狙う――大衆化するポテチ」では、1970年の大阪万博とポテトチップスとの関係をイントロに、巨人カルビーの後発参入、急速に拡大した国内ポテトチップス市場について述べる。ポテトチップス三大フレーバーのひとつ「コンソメパンチ」誕生の背景や、飽食の時代への突入、団塊ジュニアのおやつ需要についても論じる。

第3章「欲望と消費と経済成長と――プラットフォーム化するポテチ」では、1980年代、激辛やピザ味といった、のちに定番化するフレーバーをはじめ、多種多様な味がポテトチップスに「載った」状況を振り返る。また、ギザギザカットや成型ポテトチップスといった形状バリエーションが生まれた背景から、「欲望の充足装置」としての本質に迫る。

第4章「下流社会が求めた〝貧者のパン〟――ジャンクフード化するポテチ」では、ジャンクフードとしてのポテトチップスの側面にスポットを当てる。栄養学的な見地からみたポテトチップス擁護論と不健康論の対立や平成デフレ下における下流社会との関わり、物語の中でポテトチップスがどのような「悪役」として描写されたかも例示する。

第5章「経済の低迷とダイバーシティ――国民食化するポテチ」では、日本経済低迷下の2010年代に定着した高価格帯・プレミアム路線や、濃い味系商品とは対極にあるヘルシー系商品の台頭といった「二極分化」に着目する。ポテトチップスがいかに国民の嗜好の多様性をカバーする存在となったか、いかに「日本人ひとりひとりの人生に寄り添う国民食」と化したかを総括する。

なお本書では「ポテトチップス」のことを時おり、カジュアルに「ポテチ」と呼ぶ。巷でも「ポテチ」という呼称は浸透しているが、実は「ポテチ」は湖池屋が1989年に「菓子及びパン」のカテゴリで商標を出願し、92年に登録されている。ゆえに湖池屋以外のメーカーが菓子の商品名として「ポテチ」を名乗ることはできない。

ちなみに、ずばりそのもの「ポテトチップス」は、なんと阪急阪神百貨店が登録商標としているが、これは洋服やかばん類、楽器や玩具といった、菓子カテゴリ以外での指定商品なので、当然ながら菓子メーカーは「ポテトチップス」を商品名として使用できる。

では、日本におけるポテトチップス事始めの前史からはじめよう。

時は1853年、ペリー率いるアメリカ合衆国海軍東インド艦隊4隻が日本の浦賀に来航した年。アメリカ北東部のあるレストランでは、極東の小国に降って湧いた大騒動とは対照的に、実に牧歌的な〝事件〟が起こっていた――と伝えられている。

そのレストランのある街は、4隻のうち1隻の船名にもなっていた。アメリカ独立戦争の激戦地としても知られる、サラトガである。

第１章

ジャガイモを受け入れた戦後日本
——日本食化するポテチ

ジョージ・クラムの伝説

ポテトチップス誕生の逸話としてよく知られているのが、ジョージ・クラム（1825?－1914）の物語である。

クラムはアフリカ系アメリカ人の男性を父に、ネイティブアメリカンであるモホーク族の女性を母に持つ料理人。1850年代、マンハッタンから300㎞ほど離れたニューヨーク州の保養地、サラトガ・スプリングズの格式あるレストラン「ムーンズ・レイク・ハウス」に雇われ、その腕の良さからまたたく間に人気料理人となった。

1853年の夏、あるひとりの紳士が店を訪れる。彼は「ジャガイモだけをどっさり食べさせてほしい」とオーダーした。

クラムがジャガイモをくし切りにして下茹でし、ラード（豚脂）で揚げて塩をふったものを出すと、彼は「分厚すぎる」とクレームをつけて皿を突き返した。

そこでクラムは、ジャガイモを薄切りにして作り直したが、「まだ分厚いし、味がしない」と、またも突き返される。

クラムはさらにジャガイモを薄く切り、たっぷり塩をふりかける。しかしそれにも「まだ分厚いし、味も薄いし、生煮えだ」とクレーム。

いい加減、腹が立ったクラムにいたずら心が芽生えた。透けて見えるくらいにジャガイモを超薄切りにして、大量のラードでカリカリになるまで揚げ、大量の塩をふりかけたのだ。ジャガイモが本来持つホクホク感など微塵も残っていない。

供された皿を前にした彼は、その薄切りジャガイモをフォークで突き刺そうとしたが、カリカリすぎて割れてしまった。うまく食べられない。

実は、これはクラムの策略だった。

当時、レストランに来るような紳士や淑女が料理を指でつまんで食べるなどということはなかった。リンゴなどの果物ですらナイフとフォークで食べていたくらいだ。[*11] クラムは彼に手づかみで食べさせ、恥をかかせようとしたわけだ。

ところが彼は、躊躇なくそれを指でつまんで割り、口に入れた。すると意外にも大いに気に入り、またたく間に完食した。

不思議に思った給仕の女性が「私も食べてみたい」と言い、クラムに同じものをもう一度作ってもらったところ、彼女も激賞。クラムもつまんでみたが、たしかにおいしい。

こうしてその料理は「サラトガ・チップス（Saratoga Chips)」という名前でムーンズ・

レイク・ハウスの正式メニューとなり、評判を呼んで遠方からも客が訪れるようになったばかりか、テイクアウト商品としても人気が出たという。

その後クラムはサラトガ・チップスを商品化して富を得、1860年に自分のレストランを持つことになる。

以上は『せかいでさいしょのポテトチップス』（アン・ルノー文、フェリシタ・サラ絵、千葉茂樹・訳／BL出版、2018年）の内容をベースに、比較的よく流通している情報を肉付けしたものだ。同書では客の名前が「フィルバート・P・ホースフェザーズ」となっていて、Pは「こだわり屋」を意味するパンクティリアス（punctilious）と説明されている。また、クレームをつけた客がアメリカ屈指の鉄道王、コーネリアス・ヴァンダービルト（1794‐1877）というバージョンも知られているが、大筋は変わらない。

ただし、この話はかなり創作じみている。そもそも「ジャガイモを薄くスライスして揚げた料理」の発明者はクラムではない。

薄くスライスした生のジャガイモを油で揚げる「シェービング（削り屑）」という料理のレシピは、1822年にイギリスで刊行された『The Cook's Oracle』（ウイリアム・キッチナー著）に登場しているし、同書を引用した『The Virginia Housewife』（メアリー・ランドルフ著）という料理書も1824年にアメリカで刊行されている。[*12] クラムのエピソードから遡ること29年前だ。

また、ムーンズ・レイク・ハウスでは、クラムが雇用される前から似たような方法で調理されたものが紙袋に入れて売られたり、アイスクリームの付け合わせとして出されたりしていたという話もある。[*13]

ともかく、クラムは商売で成功を収めたが、「発明した者」と「広めた者」が異なり、前者より後者のほうが富を得たケースは往々にしてある。ハンバーガーのスピーディーな調理システムを考案したマクドナルド兄弟と、それをフランチャイズ化して経営権を握り、「マクドナルドの創業者（ファウンダー）」として君臨したレイ・クロックとの関係などは、その典型だろう。[*14]

ただ、クラムがレイ・クロックと違っていたのは、製法特許を取らなかったことだ。当時のアメリカでは有色人種（クラムの父はアフリカ系、母はネイティブアメリカン）が特許を取ることができず、したがってクラムは特許の申請すらしなかった。結果、他のレストランがこぞって製法を真似することで、サラトガ・チップスはアメリカ各地に広がっていった。

クラムが製法について特許を取らなかった（取れなかった）ために、結果としてポテトチップスが普及したことからは、後年の日本で短期間のうちにたくさんのメーカーがポテトチップス市場に参入した要因と考えられているエピソードを連想する。これは本章で後述しよう。

袋売りによる大衆化

実は、サラトガ・チップスは当時の日本人の口にも入っている。

岩倉具視《いわくらともみ》率いる岩倉使節団のひとり、歴史学者の久米邦武《くめくにたけ》による『特命全権大使 米欧回覧実記㈠』によれば、1872年5月11日、使節団はサラトガ・スプリングズに2泊し、「此地《このち》ノ名産」であるポテトチップス（「蕃薯《ばんしょ》ノ油煎《アブラアゲ》」）を酒とともに供されたと記録されている。*15

なお、当時のポテトチップスは完全に料理であり、一例としてステーキの脇に大量に付け合わせでついてくるような存在だった。現在のフレンチフライ（フライドポテト）と同じような扱いだ。

だが1890年代になると、いくつかの製造業者が参入し、食料雑貨店で袋売りされるようになる。アメリカにおけるポテトチップスの大衆化——気取ったレストランに行かなくても食べられる——はこれをもって達成された。

ただ、当時のポテトチップスはガラスのショーケースか樽、あるいは缶などで保存されており、販売時に紙袋に移して客に手渡しされていたため、鮮度が保てなかった。ショーケースや樽の開け締めごとに空気が入るので、油が酸化してまずくなるし、樽の底のほうのポテトチップスがすぐに湿気《しけ》ってしまったからだ。それゆえ購入した客は、湿気を飛ばす目的もあって家のオーブンで温めて食べており、販売側もその食べ方を推奨していた。

それを解決したのが、カリフォルニア州モントレーパークの起業家ローラ・スカダー（1881－1959）だ。彼女は1926年、ワックスを塗った紙（いわゆるパラフィン紙）の袋にポテトチップスを入れ、アイロンでロウ付けして封をし、個包装することを思いつく。これにより防湿性が高まって保存がきくようになり、チップス自体も割れにくくなった。

1930年代初頭には、テキサス州ダラスのディクシー・ワックス・ペーパー社がガラス繊維で作った袋を開発する。これはグラシン紙と呼ばれるもので、耐油性・耐水性に優れており、保存性がさらに向上。また、袋に印刷を施すことができたので、陳列するだけで袋そのものが広告と化した。[*16]

袋入りポテトチップスは内容量の割に体積や表面積が大きい。つまり場所を取る。それをネガティブに考えず、「広告にすれば場所を取ることはむしろメリットだ」とする発想は、いかにもビジネス先進国アメリカだ。

「国策」がもたらしたポテトチップス需要

もうひとつ、1930年代のアメリカでポテトチップスが売上を伸ばした要因として忘れてはならないのが、禁酒法の廃止だ。

禁酒法（Prohibition Law）とは1920年、アメリカ合衆国憲法修正第18条下において施行された、消費のためのアルコールの製造、販売、輸送を全面的に禁止した法律である。ブライアン・デ・パルマ監督の映画『アンタッチャブル』（1987年）の背景としても描かれているので、禁酒法を「ギャングたちが違法なアルコールを売りさばいて台頭する要因となった」イメージで捉えている方も多いだろう。

1920年に施行された禁酒法は1933年に廃止されたが、解禁された酒の「つまみ」として需要が高まったのがポテトチップスだった。[*17] 塩味をきかせたポテトチップスは酒に合う。中でももっとも合うのが、アルコール度数が低めでゴクゴクと飲めるピルスナービールだ。

ちなみに、そもそも禁酒法が施行された背景のひとつとして、アメリカにおける大手ビール製造メーカーの多くが当時の〈敵国〉であったドイツ系――アンハイザー・ブッシュ、アドルフ・クアーズ、ミラーなど――だったから、という説はよく語られる。[*18]

アメリカにおける禁酒運動はもともと、「過度な飲酒は家庭を壊す」といった道徳的な考え方に端を発しているが、実際には飲酒によって移民労働者の能率が落ちるから――という自動車王フォードをはじめとした大企業経営者たちの思惑と、この「ドイツ系ビールメーカーへの敵意」が大きく作用していた。[*19] ちなみにドイツ料理の主役といえば、ポテトチップスの原料・ジャガイモである。

名目上は禁欲主義的な運動から施行された禁酒法の終焉が引き金となり、結果としてアメリカの大衆は、禁欲とは程遠い「たっぷりの油とたっぷりの塩でこしらえたジャンクフード」を敵国名物であるビールで胃に流し込んだ。皮肉な反動と言うべきか。のちの日本でも見られることになる、「欲望の充足装置」としてのポテトチップスは、この時点でも十分な存在感を見せていた。

禁酒法のような「国策」が、期せずしてポテトチップスの普及にひと役買った。同じように、アメリカが「国策」として１９４１年に参戦した第二次世界大戦も、結果的にポテトチップス普及の追い風となっている。

参戦当初、ポテトチップスはアメリカ国内で「不要食品」に指定された。しかし製造業者たちが軍需生産委員会に働きかけて指定の取り下げに成功し、むしろ戦前より売上は増加したのである。というのも、大戦中のアメリカでは砂糖が配給制となったため、甘い菓子が不足していた一方、ポテトチップスは問題なく製造することができたからだ。塩もジャガイモも潤沢に手配できたので配給制にはならなかった。[*20]

ところで、アメリカが第二次世界大戦に参戦する最終的な決定打となったのは、その局地戦である太平洋戦争の引き金となった真珠湾攻撃である。１９４１年12月８日（日本時間）、日本海軍がアメリカ合衆国のハワイ準州オアフ島・真珠湾の太平洋艦隊と基地に対して行った奇襲攻撃だ。

そのハワイで、開戦と同時に「敵国人」として収容された日本人がいた。終戦後、日本に帰国してアメリカンポテトチップ社を設立し、日本のポテトチップス製造の草分け的存在となった濱田音四郎である。

ポテトチップス史を紡ぐ糸は、ここでようやくアメリカと日本をつなげることになる。

船に乗り遅れた濱田音四郎

1911（明治44）年、和歌山の網元の子として生まれた濱田音四郎は、18歳で地元の旧制中学を卒業後、叔父を頼って横浜へ。横浜にある高等海員養成所に通ったのち、日本郵船に入社する。そして1934（昭和9）年、音四郎が22歳のとき、2度目に乗組員として乗船した豪華客船・秩父丸の航路で事件が起きた。

寄港したハワイのホノルル。当地には地元・和歌山からの移住者や音四郎の親戚がたくさん住んでいた。音四郎は彼らを訪ね、故郷の話に花が咲く。

ところが、そうこうしているうちに音四郎を置いて船が出港してしまう。いつもと違って1時間早く出航する掲示を音四郎が見落としていたのだ。

仕方がないので、音四郎は次に秩父丸が寄港するまでハワイで暮らすことにした。

1カ月後、秩父丸が来航。一等運転士に事情を話したが、彼の言葉はあまりにショッキングなものだった。秩父丸には代わりの船員がもういるので、音四郎のポジションはないという。横浜に戻ったとしても、南方行きの貨物船くらいしか乗船することはできない。元のポジションに戻るのに5年はかかる。そう告げられてしまう。

かなり気の毒な仕打ちだが、音四郎はここで信じられない決断を下す。なんと、帰国せずハワイに残ることにしたのだ。一等運転士の「日本とアメリカはいつ戦争を起こすかわからないし、始まったら命の保証はない。このまま残ったらどうか」という忠告が効いた。

ハワイに残った音四郎は、働きながら英会話学校に通う。そして1940（昭和15）年、28歳のときに現地の友人とともにポテトチップスの製造販売を始めた。

このときの経緯は、音四郎が存命中に雑誌で行われたインタビューで確認できる。以下は音四郎の言葉ではなく、記者による地の文だ。

「友人のYさんと二人で、『アロハ』という会社をつくって、ポテトチップスの製造販売に乗り出した。当時、ハワイにはポテトチップスの会社は二つしかなかった。その一つに働きに行ってたYさんが、ポテトチップスがよく売れるのを見て、濱田さんに『ポテトチップスをやったらどうか』とすすめてくれたからである。『よし、二人で始めよう』ということになり、Yさんが『どういう油でどのくらいの温度で揚げるか、ジャガイモはどのくらいの厚さに切るのか』といったようなことを、一生懸命調べあげてメモにする一方、濱田さん自身もその会社に時々顔を出しては研究したりした。この研究に半年間を費やしたという」（「オール生活」臨増　1983年7月号「ハワイから里帰り　国産ポテトチップスの〝生みの親〟」）

これを読むと、友人であるYさんは勤めていた現地のポテトチップス会社を辞めないまま、その会社の製造ノウハウを音四郎に「流して」いたことになる。「濱田さん自身もその会社に時々顔を出しては」とあることからも、社員であるYさんが外部の人間である音四郎を会社に入れて、堂々と製造ノウハウを「学ばせ」、のちに自分たちで起業したとも解釈できる。

同記事によれば、「アロハ」設立後は、「製造販売をスタートさせると、白人のセールスと異なり、小さなところにも売り込みに行くから、よく売れるようになった。人も増やして一四〜五人使うまでになった」とある。こうしてふたりの会社は軌道に乗った。

ただ、音四郎がこの19年後の2002年に受けたインタビューからは、別のニュアンスが汲み取れる。「ハワイにいたころ、友人がポテトチップスの会社をしていて僕もよく手伝っていたので」（「海外移住」第605号／2002年6月「特集　フロンティアスピリット～異文化体験とビジネス成功法～」）と書かれているのだ。

ここで言う「会社」とは、友人（「オール生活」におけるYさん）が勤めていた会社ではなく、現地で起業した会社（アロハ社）だと思われるが、こちらからは「音四郎が共同事業者である」ニュアンスは読み取れない。Yさん主体で立ち上げた会社を、音四郎が手伝っていたにすぎないという書き方だ。しかも「オール生活」と違い、「海外移住」にはYさんがかつてハワイのポテトチップス会社で働いていたという記述はない。

音四郎の記憶違いか、2編集部がそれぞれに汲み取ったニュアンスの違いか。邪推するなら、2002年のインタビューでは、Yさんが「ポテトチップス会社に勤めながら、その完全競合になるビジネスの設立準備をしていた」ことを隠したかったのかもしれない。

日本でポテトチップスを欲した米兵たち

アロハ社がYさんと音四郎の共同事業だったのか、音四郎が手伝っていたにすぎないのかはさておき、会社設立の翌年、音四郎が住んでいたハワイは音四郎の母国・日本によって攻撃される。真珠湾攻撃だ。

日米開戦によって、当時アメリカに住んでいた日本人はほどなくして強制収容されることになる。音四郎もハワイからロサンゼルス、ニューメキシコ、テキサスなどの収容所を転々とさせられた。他の在米日本人同様、大きな受難を被り想像を絶する辛酸を嘗《な》めたわけだが、実は先の「ハワイにおいてけぼり」が結果的に音四郎の命を救っている。

実は開戦後、もともと音四郎が乗務員だった秩父丸は、ソロモン諸島近くを航海中にアメリカの魚雷攻撃を受けて沈没、乗務員が全員死亡してしまったのだ。件《くだん》の一等運転士の忠告は正しかった。

1945（昭和20）年、終戦によって音四郎は解放される。開戦当時ハワイにいた日本人の6〜7割は再びハワイに戻っていったが、音四郎は日本への帰国を選んだ。

妻子とともに横須賀港に到着した音四郎。しかし故郷の和歌山に戻ったものの、ろくな仕事はない。極貧生活が続き、栄養失調で死にかけた。

困っていたところ、終戦後に来日したハワイ時代の知り合いから「東京に出てこい」という手紙が来る。こうして音四郎は1948（昭和23）年、一念発起して上京し、幾多のブローカー業で生計を立てはじめた。やがて知り合った進駐軍の米兵たちから、「ポテトチップスを売ってはどうか」と提案される。

戦後、駐留米軍のアメリカ人たちは、故郷で食べつけていたポテトチップスを欲したが、日本には売っていない。とはいえ、当時は油処理や保存性の問題から、故国で製造されたものを輸入するわけにはいかなかった。そこで、日本国内で製造し、納品させるという形式をとっていたのだ。

一般財団法人いも類振興会が2013年に発行した「いも類振興情報 115号」によれば、ポテトチップス製造業者の選定は、音四郎が上京した1948年頃からGHQ（連合国軍最高司令官総司令部）の要望によって入札制となり、当時入札参加メーカーは4社あったという。ただし当初の販売ルートは全量がGHQへの納入だったので、一般市場には出回らなかった。[*21]

そういった状況下、音四郎は「最新式の自動式の機械」をアメリカから取り寄せようと司令部に許可をもらいに行ったが、輸入の許可は与えられなかった。そこでハワイに残っていたYさんに頼んで、「ジャガイモの水を切る機械の代用品として洗たく機の円心《ママ》脱水器二〜三台と、回転しながらジャガイモを切るスライサー、そしてジャガイモを揚げるフライヤーとして直径一メートルくらいの鉄の釜を作って送ってもらった。釜はそれを見本として日本でいくつか作らせた」[*22]。

こうして1950（昭和25）年5月、音四郎は東京・牛込納戸町《うしごめなんどまち》にポテトチップスの製造工場を作ってアメリカンポテトチップ社を立ち上げ、「フラ印アメリカンポテトチップ」の販売を開始する。価格は35gで36円。当時、喫茶店のコーヒーが1杯25円程度、映画館の入場料が80円程度だったことを考えると、現在の物価に換算して800円前後といったところか。現在の国産ポテトチップスが1袋50〜80g台で概ね100円台に収まることを考えると、当時の「フラ印」はかなりの高級品だったわけである。

音四郎は当初「フラ印」を駐留米軍に売り込み、良い商売になったが、終戦から時間が経つにつれ米軍は引き揚げていったため、深刻な顧客不足に悩むことになる。結果、日本人客の開拓は急務となったが、これが大苦戦する。

ジャガイモ自体が一定数の日本人に嫌われていたのだ。

戦後の日本人に嫌われていたジャガイモ

先述した「オール生活」の音四郎インタビューには、当時の状況についてこのような記述がある。

「あいにく日本人はポテトチップスなんて食べたことがないし、おまけに当時、ジャガイモはサツマイモより下位にみられていたので、けんもほろろ。『なんだ、ジャガイモなんかで作ったものなんか、持ってきてもらっては困るよ』と」

日本では江戸時代に伝来していたジャガイモだが、特に太平洋戦争中はサツマイモやカボチャなどとともに米の代用食として節米料理に利用された。つまり、白米が食べられないからと仕方なく食べていた。それゆえ「もうイモなんか食べたくない」という日本人が一定数いたのである。

農学博士である山本紀夫の著書『ジャガイモのきた道——文明・飢饉・戦争』(岩波新書、2008年)には、1943年生まれの山本より「一〇歳くらい上、昭和一〇年前後に生まれた人たち」が「来る日も来る日もイモを食べて空腹をしのぎ、生きのびた経験から、イモに対して嫌悪感をもつ人が少なくない」と書かれている。

山本はアンデス文明において果たしたジャガイモの役割を重視する立場を取るが、それに対して厳しく批判する研究者もいるという。彼らは山本に言った。「ジャガイモなんか、イモなんか食って文明ができるか。戦後の代用食のことを思い出すと、あんな、サツマイモ、ジャガイモでは力が入るか」(同書)。大変な恨み節だ。

前出「いも類振興情報　115号」には、「昭和30年代前半まで国民のジャガイモに対する関心は極めて低く、また戦時中における米の〝代用食〟というイメージ（が）色濃く残っていたため、インスタント食品のラーメンやコーヒーのように（ポテトチップスが）脚光を浴びて登場したわけではなかった」とある（カッコ内は筆者追記）。

筆者がポテトチップス関連の取材記事をウェブに発表した際にも、これらを裏付ける読者からのコメントがいくつか寄せられた。「戦中派の祖父はイモとカボチャだけは食べたくないと言っていた」「農家の祖母はジャガイモを畑で作っていたが、祖母自身はジャガイモが嫌いだった」など。

ただでさえ代用食としてあまり良くないイメージがあるジャガイモなのに、それで作ったおつまみが非常に高価であることに納得できる日本人は、当時少なかったのかもしれない。

だが、音四郎は諦めない。試食用サンプルを持ってホテルのビアガーデンなどを回り、粘り強く営業した。そこでの売り文句は、「アメリカではビールといえばポテトチップス、ポテトチップスといえばビールというほどこの二つは切って離せないものだから、日本でも必ず売れる、ビールの売り上げ増にもつながる」[*23]。そうやって少しずつ販路を開拓し、ホテルやデパート、高級スーパーや高級バーなどとの取引を増やしていった。

音四郎の熱意や、「ビールが売れるから」というセールストークが功を奏したのは当然として、筆者としてはもうひとつ、ポテトチップスが日本人に受け入れられた理由をこう推測したい。

ポテトチップスが、ジャガイモ料理が本来持つホクホク感からは遠い食感だった、言い換えるなら「食感がジャガイモらしくなかったから」ではないか。

ジョージ・クラムの逸話を思い出してみよう。クラムは客に、ある種の嫌がらせで「超薄切りでカリカリに揚げたジャガイモ」を提供した。それは、ジャガイモ料理本来のホクホク感を殺す調理法だった、とも言える。

実際、ポテトチップスは食べるが、ふかしたジャガイモは取り立てて好きではないという人もいるだろう（筆者がそうだ。ちなみに自分で作るカレーにジャガイモは入れない派である）。誤解を恐れず言うなら、二者は〝まったく別の食べ物〟だからだ。

だから、こうも言える。「多くの日本人にとって、ポテトチップスはジャガイモであってジャガイモではない」と。これは序章で言及した、「生食用の消費は減っているが、ポテトチップスの消費は上がっている」ことも連想する。

だからこそ、音四郎の試食用サンプルを食した仕入れ担当者――戦時中、代用食のジャガイモにうんざりした世代——は思ったに違いない。

「あれ？　ジャガイモなのに意外とおいしいぞ」

数年後、それとまったく同じ感想を抱いた若きおつまみ製造会社の社長がいた。彼は自分の会社を、故郷・長野県諏訪市にある諏訪湖のように大きくしたいと願い、名字の読みはそのままに、漢字を一文字だけ変えて会社名を決めた。

その名を、湖池屋という。

おつまみからおやつへ

小池和夫はもともと、和菓子屋勤めのセールスマンだった。1953（昭和28）年に独立し、東京都文京区目白台で創業するが、古巣である和菓子屋の競合になる甘いものを扱うのはまずかろうと考え、しょっぱいもの、つまり酒のつまみを製造することにした。「湖池屋」として会社を設立したのは1958（昭和33）年のことである。

当時は戦後の復興が進み、酒の国内需要が上がっていった時期。おつまみの売上も伸び盛りだったので、わざわざセールスに行かなくても、おつまみ問屋や菓子問屋のほうから買いに来てくれた。工場も順調に拡張していく。

現・湖池屋会長の小池孝が、父親とポテトチップスとの出会いを話す。

「親父が仕事仲間とたまたま行った飲み屋でポテトチップスが出てきた。おそらく音四郎さんの作っていたものでしょう。戦中戦後の人は米を食べられずイモばっかり食わされてきたから、イモは代用食、まずいものだという扱いでしたが、食べてみるとこれがおいしい。『ジャガイモでもこんなにおいしくなるんだ!』と、親父はものすごく感動したそうです」

ただ、高価だった。後年、孝が和夫に聞いたところによると、今の物価に換算して1皿1000円くらい。「フラ印」のポテトチップスが1950年の時点で、既に35gで36円(現在の物価で800円前後)だったことを考えると、その数年後に、飲み屋の1皿でそれくらいの値付けであってもまったく不思議はない。

「だけど親父は考えた。こんなにおいしいものを、もしお菓子くらいの値段で大量に作ることができたら、すごく売れるだろうって」

和夫は、ポテトチップスを「酒のつまみ」ではなく「おやつ」として売ることを考えた。

しかし、菓子業者仲間の中に製法を知っている者はひとりもいない。

「親父はまだ音四郎さんと知り合っていませんでした。どんなジャガイモが適しているのか、何ミリにスライスすればいいのか、油の温度は何度で、何分くらい揚げればいいか。すべてがゼロからの出発です。揚げ用の丸釜にしても、既製品はないから手作り。かりんとう屋さんや揚げ煎餅屋さんで使われているものを改造していました」

音四郎がハワイで試行錯誤していた光景が重なる。しかし音四郎の場合、ポテトチップス工場というお手本が目の前にあったが、和夫の場合、ノーヒントだ。

同じ品種のジャガイモを同じように揚げても、焦げるものと焦げないものが出てくる。ジャガイモの個体によって糖度が異なるからだ。糖度が高いと焦げやすく、低いと焦げにくい。なぜ糖度に違いが出るのか？　収穫後の貯蔵の仕方が違うからだ。

「採れてすぐ冷蔵庫に入れてしまうと、常温で置いておくよりもずっと糖度が上がる。当時はそういうことがわからなかったんでしょう。親父は1年も2年も、ずっと苦戦していました」

孝が記憶をたどる。

「当時4歳か5歳くらいだった僕は工場によく遊びに行っていたけど、揚げに失敗して焦げたポテトチップスがいつも大量に積んである。それをちょっとつまんで食べてみると、当然まずい（笑）。一体何を作ってるんだろうって、いつも不思議でした」

最初から「日本独自」だった

小池和夫は最初のポテトチップスのフレーバーを、アメリカで一般的な「塩味」ではなく、「のり塩」に決めた。日本風にしなければ日本人には受け入れられないと考えたのだ。

さらに海苔《のり》だけでなく唐辛子も入れて、味にキレを出すようにした。油は日本人の舌に馴染み深い米油100%。ただし、米油は酸化しやすいなど安定性の問題があったので、のちにパーム油（アブラヤシの果実から得られる植物油）との混合が主流になり、現在に至る。

これについて畑中三応子は、「外国のものを取り入れて、あまりにも味をいじりすぎる。我が物にしてしまうのが日本人ならではの性質」と指摘する。日本人は過去、多くの食べ物を日本風にアレンジし、根本的に作り変え、自分たちの舌にフィットさせる手間を惜しまなかった。

食文化研究家の魚柄仁之助《うおつかじんのすけ》は、著書『国民食の履歴書――カレー、マヨネーズ、ソース、餃子、肉じゃが』（青弓社、2020年）で、「外来の食材、よその国や地域の調理法、調理習慣などを拒むことなくあっさりと取り入れるものの、自分たちが築いてきた味付けや調理法にうまく同化させて日本独自の料理にしてしまう力こそが『和食』[*24]だと規定する。

中国の麺料理をルーツとするラーメンは、1910年に浅草の来々軒がスープに醤油タレを使った〝東京ラーメン〟を出した時点で既に「日本風」であったし、1958年に日清食品（当時の社名はサンシー殖産）が発売したインスタント麺「チキンラーメン」や1971年に発売した世界初のカップ麺「カップヌードル」は、日本で開発された大ヒット商品である。とんこつラーメンや煮干しラーメン、家系ラーメンや二郎系ラーメンなども、発祥の地・中国とは無関係の日本独自進化の産物だ。

カレーも然り。メリケン粉でとろみを出した黄色いカレーは日本特有のもの。日本風のドライカレーやスープカレーは、本場インドに存在しない。トンカツを乗せたカツカレーなど最たるもの。カツ自体がフランス料理のコートレットを日本の天ぷらの技法でアレンジしたものである。

「のり塩」というフレーバーは、ポテトチップス発祥の地とされているアメリカどころか、当時世界中どの国にもなかった。すなわち、その後、ポテトチップスが日本独自の進化を遂げていくことは、この時点で既定路線だったとも言えよう。

日本風のアレンジという意味では、たとえばカルビーの主力商品であり現在のポテトチップスのデファクトスタンダードである「カルビーポテトチップス　うすしお味」には、塩だけでなくこんぶエキスパウダーが入っている。[*25] ラーメンやカレー同様、日本人の味覚に合うよう調整を施し、ガラパゴス的に独自進化を遂げていったことも、ポテトチップスがのちに「国民食化」していった理由のひとつではないか。

その上で、「ジャガイモと海苔のマリアージュ」は決して突飛な発想ではない。畑中によれば、ジャガイモは何とでも合う万能な食材だ。たしかにジャガイモは、トリュフやフォアグラやキャビアといった海外の高級食材にも、肉じゃがに代表される醤油など和風の味付けにも合う。[*26]

ジャガイモの万能さはそのまま、ジャガイモの加工食品であるポテトチップスにも引き継がれている。カルビー、湖池屋に次ぐポテトチップスメーカー、山芳《やまよし》製菓の総務部長（当時）・猪股忠は2013年の寄稿で、「ポテトチップスは凄い素材だと思います。どんな味も風味も拒むことなくしっかりのせることができる。どんな味も活かすことが可能」と述べた。[*27] さすが、ジャガイモにわさびと牛肉味を載せて定番ロングセラー商品に仕立てた「わさビーフ」の山芳製菓だ。「どんな味も風味も拒まない」の言葉に、これ以上ない説得力がある。

競合同士ではない、ゆるやかな連帯

1962年、小池和夫の努力が実り、湖池屋は満を持して「湖池屋ポテトチップス　のり塩」を発売した。価格は当時の一般的なスナック菓子よりやや高い150円だったが、高級バーのおつまみに比べればかなり安い。

ところが、売れなかった。多くの日本人がポテトチップスというものに馴染みがなかった上、流通量が少なく、扱っている店もわずかだったからだ。

1960年代発売当時の「湖池屋ポテトチップス のり塩」(写真提供：湖池屋)

当時は菓子専業店での流通が全体の9割。残り1割は飲み屋などの業務用だった。客がたまたま店頭で袋を見かけても「何これ、おせんべい？」という反応だったそうだ。

しかしその評判は口コミで少しずつ広まり、ある時から一気に売れ始める。その一助となったのがラジオ宣伝だ。

「うちくらいの会社規模では珍しかったと思います。のちにテレビCMも始めますが、当時お菓子メーカーでやっていたのは明治さんや森永さんといった大手くらい。マスコミを使ったのは早かった。そのあたりは優秀なセールスマンだった親父の才覚ですかね」（小池孝）。のちに湖池屋が「カラムーチョ」「ポリンキー」「ドンタコス」などで印象的なCMを連発する遺伝子は、この時点で既に萌芽を見せていたのかもしれない。

当時、ポテトチップスをお菓子として流通させようと試行錯誤していたのは、湖池屋だけではない。小規模な菓子メーカーが同時多発的にポテトチップス開発を試みていた。

「同時期、親父以外にもポテトチップスを作ろうと考えた業者さんはあったでしょうが、皆、苦戦していたと思います」（小池孝）

それを裏付けるのが、埼玉にある1953年創業のポテトチップスメーカー・菊水堂の現社長・岩井菊之《きくじ》（1957－）の寄稿だ。菊之は父親である創業者・岩井清吉にまつわる1960年頃のエピソードとして、菓子問屋主催の慰安旅行のことを書いている。当時、菓子業界は非常に景気が良かった。

「菓子業界ではよく熱海の旅館を会合場所に使っていました。この熱海の旅館で『ジャガイモを薄く切って油で揚げたお菓子のようなものがある』と聞き、当時の品川工場で試作をした」[*28]

当時の菓子業界は横のつながりが強く、皆で一丸となって業界を盛り上げていこうという一枚岩の志のもと、かなり和気あいあいとしていたようだ。岩井清吉は群馬県下仁田町生まれ。湖池屋の小池和夫は長野県諏訪市の出身。彼らのように戦後に上京し、一代で事業を起こして奮闘している業者も多かったのだろう。そこに温かな連帯感が生まれ、さまざまな情報交換が行われていた。高度経済成長期真っただ中、生気に溢れていた日本。NHKの『プロジェクトX』や映画『ALWAYS 三丁目の夕日』を彷彿とさせる。

ところで、岩井清吉の出身地・下仁田の名産と言えば下仁田葱《ねぎ》だが、当地ではこんにゃくも有名だ。これが菊水堂のポテトチップス開発に役立った。清吉は当初、こんにゃく芋用のスライサーに手板を付けてジャガイモを薄切りカットしていたという。また、清吉はかつて芋ようかんを販売していた経験から、当初は味付けを塩や海苔ではなく「砂糖掛《が》け」を試していた。[*29]

ジャパニーズ・ポテトチップスは、本家のポテトチップス製造法を正規ルートで手配・再現したものではない。戦後の零細業者たちが、見様見真似で試行錯誤の末に完成させたものだ。

菊水堂は湖池屋に遅れること2年、1964年にポテトチップスの製造・販売を開始している。

音四郎は他社にも製法を教えたのか？

1960年代、ポテトチップス業界には新規参入が相次いだ。『'70食品マーケティング要覧　第1スナック食品市場の展望』によれば、ポテトチップス業界が「一応業界らしいマーケットの様相を呈して来た」のは1965（昭和40）年頃から。60年代末には全国に約100社もの業者があった。

ここで、よく流布された濱田音四郎の〝伝説〟に触れないわけにはいかない。それは「音四郎は、ポテトチップスの製法について日本国内で特許を取るよう周囲から薦められたが、あえてしなかった。日本でのポテトチップス普及を切に願っていたからだ」という美談である。

B級グルメをモチーフとする漫画『めしばな刑事《でか》タチバナ』（双葉社）で2012年に描かれた「第73ばな　ポテトチップス紛争　その3」では、主人公の立花刑事が音四郎を「日系人の濱田さんって偉い伝道師がいた」「業界の発展のために製造方法にあえて特許を取らず／快くライバル会社にも製造法を技術指導した」と紹介している。

たしかに前出「オール生活」（1983年）での音四郎の発言にも、これに言及した箇所がある。

「いま（筆者注：1983年当時）、国内にはメーカーが四〇～五〇社ありまして、全体で三〇〇億から四〇〇億の市場になっていますが、そのほとんどのメーカーさんは、私が直接または間接的に、その作り方を教えたんですよ。〝どうぞ、あなたがこのポテトチップスを広めてください〟ってね。もちろん、手数料とかロイヤリティみたいなものは、私、いただいておりません。ただ、広めてくれればよいのですから……」（傍点筆者）。

同じく前出「海外移住」（2002年）では、さらに強い言い方となる。

「いまは多くの会社からいろんな種類のポテトチップスが販売されていますが、製造方法はすべて僕が教えたんですよ」（傍点筆者）。

サラトガ・チップスのジョージ・クラムは、有色人種であるがゆえ「消極的に」ポテトチップスの製法特許を取れなかった。ゆえにアメリカにポテトチップスが普及した。一方、音四郎はむしろ「積極的に」製造特許を取らなかったことで、国内ポテトチップスの普及に貢献した。この点は非常に対照的だ。

ただ、音四郎の言葉と食い違う別の記録もある。

たとえば、湖池屋の小池和夫はポテトチップスの製法を独力で見出していた。小池孝によれば「(ポテトチップスを開発していた頃の)親父はまだ音四郎さんと知り合っていなかった」。また湖池屋社長(当時)・田子忠が2013年に「いも類振興情報 115号」に寄稿した文章にも「開発に着手した当初はおいしいポテトチップスを作るノウハウがなく、品質が安定しませんでした」とある。

さらに、同号の菊水堂・岩井菊之の寄稿には、参入当初のポテトチップス製造工程が詳しく説明されているが、その説明の後に「これらはすべて、父が考えた技術では当然ない。父はフライ技術習得のため、かりん糖メーカーを度々訪問した」とあるだけで、音四郎に教わったという記述はない。同原稿には、菊之が音四郎から直接、1950年当時のセールス苦労話を聞いたというくだりもあるので、もし製法を伝授されていたのなら、原稿でそのことに言及するのが自然だろう。

これは一体どういうことなのか。

ただ、前述のように60年代末時点でポテトチップス製造業者は約100社もあった。音四郎の言う「そのほとんどのメーカー」に湖池屋や菊水堂が入っていなかった可能性は否定できない。また、既にポテトチップス製造を始めていたメーカーに音四郎がアドバイスを施して製法の改良を提案した、という可能性もある。

とはいえ「製造方法はすべて僕が教えた」は、いささか誇張かもしれない。少なくとも、『めしばな刑事タチバナ』での立花のセリフ「その（音四郎の）指導を受けて1962年に参入したのがおつまみ製造会社だった湖池屋《コイケヤ》だ」（カッコ内は筆者追記）は事実と異なる可能性が高い。

この件について、現在「フラ印」ポテトチップスを販売するソシオ工房に書面で質問を投げたところ、以下のような回答を得た。

Q1．濱田音四郎氏が「ポテトチップスの製法を手数料やロイヤリティなしで日本の他のメーカーに教えた」という記述がインタビューほか資料などで確認できますが、そうなのでしょうか。また、その時期はいつ頃でしょうか。

A1．資料がなく詳細はわかりませんが、これによって今日のポテトチップス（市場）の繁栄につながったと、聞いております。

Q2．他のポテトチップス菓子メーカー（湖池屋、カルビー等）と濱田氏は交流があったのでしょうか。
A2．資料がなく、詳細は不明です。

真偽がどうあれ音四郎の功績に傷がつくようなものではないが、ジョージ・クラムのサラトガ・チップス誕生物語と同じく、音四郎のエピソードに帯びる伝説感は非常に強い。国産ポテトチップスの誕生からは既に70年以上の月日が経過しており、当時を直接知る関係者は非常に少ない。本書執筆にあたり事実確認目的でメーカーや協会に問い合わせても、「資料が残っていない」「不明」というケースが少なくなかった。

実は、「のり塩は湖池屋が世界初」や、後述する「連続式オートフライヤーによる量産化は湖池屋が国内初」という〝定説〟に対しても、数年前に話を聞いたある老舗菓子メーカーの社長は「先代が、それは違うと言っていた」と筆者に語ってくれた。

これだから歴史は面白い。真実は語り手の数だけある。

「フラ印」という伝統マジック

「フラ印アメリカンポテトチップ」のその後について補足しておこう。

同商品は音四郎の精力的な営業活動が実って売上は好調に推移したが、販路は一流ホテルや一流デパート、一部の高級スーパーに限定されていた。菓子問屋に卸して全国流通させることはしなかったのだ。

音四郎によればその理由は、「菓子問屋に卸すと全国津々浦々に出回り、大きな商売ができますが、しかし、そうすると乱雑に扱われ、どうしても品物が悪くな」るからだ。[*30]

音四郎はまた、「支店を出したい」という問い合わせが日本各地からあったが断ったという。「そこに出向いて製造方法を指導し、支店としてフラ印と契約してもらい、売り上げの何割かを納めてもらったらどうか、というアイディア」もあったそうだが、そうはしなかった。「外国から引き揚げてきて、何の蓄えもなく裸一貫で始めたのだから、そういうことをしてはいけないと思った」からだという。[*31]

さて、かなり時代は下って1998年、「フラ印」は、業界草創期からポテトチップスを製造販売していた東京スナック食品に譲渡される。

ここからが、少々複雑だ。

アメリカンポテトチップ社や東京スナック食品とは別に、オーガニック食品の統一ブランドの提案を目指すべく、食品メーカー約20社の開発者が集まる「ギルド会」という会議体があった。この中の菓子部会を原形として「ソシオ工房」という会社が2003年に誕生する。同社はイトウ製菓、岩塚製菓、オーガニックギルド社、カルビーの合弁会社だ。

2006年、カルビーの子会社となっていた東京スナック食品が解散。「フラ印」はソシオ工房が継承する。

2010年、オーガニックギルド社が解散。同社が持つソシオ工房の株は、漬物を主に製造・販売する新進に譲渡され、ソシオ工房はイトウ製菓、岩塚製菓、新進、カルビーの4社合弁会社として継続する。

2016年、4社は合弁を解消。ソシオ工房はカルビーの100%子会社となる。

以上はソシオ工房に直接問い合わせて得た経緯だ。

と、長々説明したのには理由がある。

現在「フラ印」ポテトチップスに対して、カルビーや湖池屋の製品とは少し異なる、やや贅沢なプレミアムポテトチップスというイメージを持っている消費者は多い。成城石井などで輸入ポテトチップスと並べて売られていることも、そのイメージを後押ししているだろう。パッケージに印刷されたフラダンスをする女性のイラストやレトロな英字書体の印象もあいまって、「フラ印」を輸入ポテトチップスだと思い込んでいる消費者も一定数いるようだ。

しかし「フラ印」は最初から純国産ポテトチップスであったばかりか、現在はソシオ工房が、その親会社であるカルビーに製造を委託している。ソシオ工房は自社工場を持たない、いわゆるファブレス企業なのだ。同社によれば、「製品のレシピは当社が指定しているが、ジャガイモはカルビーと共通のもの」である。

「イメージ」の効果はすごい。パッケージデザインと国内ポテトチップスでは珍しい大袋という視覚効果のおかげで、一部の人たちが「海外製プレミアムポテトチップス」だと勘違いしているのだ（無論、ソシオ工房に勘違いさせる意図はない）。

大谷号は2016年5月5日、Ｔｗｉｔｔｅｒでこんなことをつぶやいている。

「輸入食品（を）扱ってるお店で売られてる『フラ印』というポテチ。ブランドそのものは日本で最初に売りだしたポテチとして知られていますが、現在販売されているものはブランドを引き継いだ全く別の会社で、製法も初期の丸釜手づくりから完全機械化されてる

んですよね。この製品の価値ってなんだろうか。」（カッコ内は筆者が補足）

大谷号にこのツイートについて聞いてみたところ、「どうして市場でフラ印がここまで評価されているのか僕にはわからない。逆にパッケージであそこまで評価が変わるということが、興味深いといえば興味深い」と漏らした。

なお筆者は、雑誌「EX大衆」2020年9月号誌上で「ポテトチップス・オブ・ザ・イヤー2020」という投票制のポテトチップス人気ランキング記事を企画し、大谷号とともに商品コメントを担当したが、塩部門の第2位が「フラ印アメリカンポテトチップスうすしお味」、第8位が「フラ印マウイチップス　カイ（海）ソルト味」だった（第1位は湖池屋「じゃがいも心地　オホーツクの塩と岩塩の合わせ塩味」）。投票したのは筆者と大谷号以外は50人の一般人であり、特にポテトチップス好きに限定したわけではない。

誤解してほしくないが、現在販売している「フラ印アメリカンポテトチップス　うすしお味」は筆者も好きなポテトチップスだ。薄切りタイプで、月並みな言い方をするなら「奇を衒《てら》わずおいしい」。ただ大谷号が言うように、音四郎が戦後売り歩いていたと思われる丸釜式の手作り（チップスの反りが少なく、堅い食感になる）とは似ても似つかないだろう。

2023年現在、筆者も含む大半の日本人は、戦後すぐの「フラ印アメリカンポテトチップ」を実食したことがない。そして大谷号のようにポテトチップスに詳しい人間でなければ、初期と製法ごと違うプロダクトなのになぜ「フラ印」を冠しているのか、ということに疑問など抱かない。

はっきり言ってしまえば、仮に「フラ印」ポテトチップスの袋にカルビー製の塩系ポテトチップスが入っていても、誰も違和感を抱かないだろう。ただただ、ブランディングとそれに紐付いたパッケージデザインの勝利だ。

似たことは自動車業界にもある。日産の「フェアレディZ」(1969年販売開始)やホンダの「シビック」(1972年販売開始)は往時と同じ車名を現在も使っているが、その車体デザインも、対象にしている年齢層や階級も、当時とはまったく違う。にもかかわらず、その伝統とブランディングに多くの客がつく。

名刺の肩書を最初に確認する。本質より体裁。人格より身なりに、先に目が行く。そして「伝統」という言葉にめっぽう弱い。何やら、とても日本人的だ。

「量産化」の意味

湖池屋のホームページには「1967年に日本で初めてポテトチップスの量産化に成

1960年代、湖池屋の工場でポテトチップスを手揚げしている様子（写真提供：湖池屋）

功[*32]」とある。この量産化とは一体何を意味するのか。

「のり塩」がラジオCM効果も手伝って売れ始めると、今度は生産が追いつかなくなった。丸釜にスライスしたジャガイモをドサッと入れて、3分ほどたったら手作業で引き上げる。その繰り返しでは量産に限度があるのだ。

「だから丸釜をどんどん増設していく。4台が8台、8台が16台。でも、それでは工場の稼働率がすぐ限界に達してしまう」（小池孝）

そこで小池和夫は、アメリカのポテトチップス工場を見せてもらうため、伝手《つて》をたどって渡米した。見学先にあったのが、連続式オートフライヤーと呼ばれる揚げ機だ。ベルトコンベヤーの要領でスライスしたジャガイモを次々と揚げ油に送り込み、次々と引き上げてゆく。

「親父は『プールみたいな釜にポテトチップスが流れていく』と説明していました。その機械を導入すれば生産量は何十倍にもなる。ただ、当時は１ドル３６０円の時代ですからとても買えない。だから自分で作ろうと考えた」

かつて最新式の製造機械を輸入できなかった音四郎が、「洗たく機の円心《ママ》脱水器」や「鉄の釜」で代用したエピソードが思い出される。

帰国した和夫は、己の記憶と手書きのメモ、撮影が許された場所の写真だけを頼りに、一からオートフライヤーの設計を始める。もちろん図面などない。

「機械工さんに、釜の長さはこれくらい、深さはこれくらい、こんな感じで、と指示するんです。皮むき機は他の野菜用のものを改造する。ところが全然ダメ。プール状の釜をジャガイモが流れながら揚がっていくんですが、流れるスピードが左右で違うので、流れの右側が焦げて左側は生だったりする。だから人間が機械の横について、流れが速すぎたら押し戻す。人力で速度をコントロールしていました」（小池孝）

アメリカにオートフライヤーを視察に行ったのは小池和夫だけではない。時期は和夫より後になるが、菊水堂の岩井清吉も１９６８年５月、８㎜カメラを携えて渡米している。清吉は息子の菊之に、「川が流れるようにポテトチップの層が流れている」と驚きの様子を話したそうだ。[*33]

ただ、実は機械化（オートメーション化）だけでは真の量産化とは言いきれない。機械化すればするほど、ジャガイモの個体が同じ大きさ、同じ品質でないとうまく揚がらないからだ。その点を小池孝は強調する。

「同じ品種を大量に仕入れる必要が生じました。昔も今も、ポテトチップスのノウハウの半分は機械ですが、残り半分は原料、つまりジャガイモ。でもジャガイモは産地によって品種も質も違う」

当時の湖池屋は少しでも利益を多く出すために、ジャガイモをその都度安い農家から買っていた。それゆえ畑によって品質はバラバラ。つまり機械化には向いていなかった。そこで同じ産地・同じ品質のジャガイモを大量に仕入れるべく、ジャガイモ農家と契約してそこから毎年買うことにした。

しかし産地と品質が統一されても、収穫量や需要との兼ね合いによって価格の相場は変動する。大量生産するにあたり生産量や利益率は読みにくいままだ。大きなビジネスの経営計画は立てにくくなる。

ここで登場するのが、北海道・士幌農協（士幌村〈町〉農業協同組合）の組合長を務めていた太田寛一《おおたかんいち》（1915－84）だ。よつ葉乳業の創業者にして、後のホクレン（ホクレン農業協同組合連合会）会長。2019年に放送されたNHK連続テレビ小説『なつぞら』で藤木直人が演じた柴田剛男（ヒロイン・なつの養父）のモデルになった人物とも言われている。

「親父（小池和夫）が太田さんに、『大量に同一品質のジャガイモが欲しい。しかも相場じゃなくて、毎年同じ値段で』と話をしたそうです。太田さんは二つ返事でOKしてくれました」（小池孝）

こうしてジャガイモの安定供給のめどが立ち、本当の意味での「量産化」が達成され、需要に連動するように生産量も順調に上がっていった。

「貧者のパン」としてのジャガイモ[*34]

「ポテトチップスのノウハウの半分は機械だが、残り半分は原料」。その原料であるジャガイモについて、深掘りしてみよう。

まず基本だが、ジャガイモは分類学上「ナス科ナス属の多年草の植物」、つまり野菜である。ポテトチップスに帯びるジャンクなイメージとは裏腹だ。

ジャガイモは種から育つのではなく、ジャガイモそのもの（種芋）を土に植えて発芽させ、土の中に育ったものを収穫する。それゆえ、根菜すなわち大根やニンジンの仲間と思いきや、そうではない。ジャガイモは茎（地下茎）が変化したものだ。

ジャガイモは、実に優秀な野菜である。

まず、非常に育てやすい。米や小麦が育たないような寒冷地・乾燥地帯でも育つ。生育期間が75日程度と非常に短いばかりか、米や小麦に比べて育てる手間が少なくて済む。鋤《すき》1本あれば栽培することができるとも言われ、とにかく手間がかからない。それゆえ、かつてヨーロッパではジャガイモ畑が「怠け者のベッド」とも呼ばれた。

栄養価も高い。主成分がデンプンなので、米・麦・トウモロコシと同様に主食にできるばかりか、ビタミンC、ビタミンB_6に富み、鉄・カリウム・亜鉛といったミネラルも摂れる。

さらにジャガイモは多産、つまり生産効率が良い。1つの種芋から10個程度のジャガイモが採れる。『国富論』で知られる経済学者アダム・スミス（1723－90）は、同じ面積の耕地で、ジャガイモは小麦の三倍の生産量があると評価した。[*35]

他の野菜に比べれば保存性が高く、適切に保存すれば数カ月はもつ。そのため航海用の保存食料として重宝された。ビタミンCが豊富なので、生で食べれば船乗りたちの壊血病を予防するという副次的なメリットもある。ビタミンCは他の野菜や果物にも含まれているが、これらはジャガイモほど貯蔵がきかないので航海用の食料には向かないのだ。

またジャガイモは、トウモロコシ、小麦、米と肩を並べる世界の四大主食のひとつだが、他の3つに比べて低い加工度（簡単な調理）で食べることができる特徴を持っている。ポテトチップスもご多分に漏れず。「スライスして揚げ、塩をふる」は、あまたあるスナックの中でも抜きん出てシンプルな調理法であろう。

ただ、ジャガイモがいわゆる〝文明国〟に持ち込まれたのは意外と最近で、16世紀頃とされている。原産地は南米アンデス山脈の高地。西暦500年ごろには既に栽培化が始まっていた。その1000年以上のちに、インカ帝国を滅ぼしたスペイン人によって大西洋を渡ったというのが通説だ。

ヨーロッパに渡ったジャガイモは各地に広まり、作物としての優秀さは少しずつ知られることとなったが、当初その〝地位〟は低かった。

なぜなら当時のヨーロッパでは、人間が食すことのできる植物はすべて種から育てるものであり、「雌雄が受精によって結ばれ実を結ぶのではなく、種芋が自己増殖する」という〝異常な性質〟がキリスト教的に〝不潔〟である、とする考え方があったからだ。見ようによってはグロテスクな外見も、そのような偏見を助長させたのかもしれない。迷信深い人は、ジャガイモを食べると（現在で言うところの）ハンセン病や梅毒などにかかると信じていた。[*36]

イングランドで栽培されていたランパー種のジャガイモは、生産性は高かったがあまりおいしくはなかったので、馬のエサとされた時期もあった。[*37]

フランスへは16世紀末に伝わり、園芸野菜・食用野菜として普及したが、ほとんどが家畜のエサだった。18世紀後半に啓蒙思想家のドゥニ・ディドロとジャン・ル・ロン・ダランベールが編集した『百科全書』のジャガイモの項目には、「いかに料理しようと、デンプン質で風味に乏しい……と非難される。食べると腹にガスがたまるのだから、それも仕方がない。しかし、農民や労働者らの頑健な腹にはガスなど屁でもあるまい」と書かれている。[*38]「あんなものは農民や労働者しか食べない」という底意地の悪さを隠そうともしない。エスプリと呼ぶにはあまりに酷い物言いだ。

ただ、貴族や知識層による低評価はともかくとして、栄養価が高く栽培に手間がかからず生産性が高いというジャガイモの実用性の高さは、多くの庶民たちの腹を満たし、貴重な栄養源となり、ジャガイモを主食とした地域の人口は爆発的に増加した。

なお、ドイツでジャガイモは「貧乏人のパン」という別称がある。また、元新聞記者のジャーナリスト伊藤章治は、2008年の自著でジャガイモを「貧者のパン」と称した（『ジャガイモの世界史——歴史を動かした「貧者のパン」』）。

一方貴族たちは、栽培だけでなく調理にも手間がかからないジャガイモをおもに下層階級の人たちが食べていたため、彼らを「怠惰で無責任と見下し」[*39]ていた。

英語圏においては、ジャガイモ（potato）はネガティブな言い回しとして使用されている。「hot potato」は「誰も責任を取ろうとしない企画」、「meat-and-potatoes man」は「単純な味覚の持ち主の男性」、「potato head」は「愚かな人」、「potato nose」は「魅力的でない鼻」といった具合。[*40] あまりといえば、あまりだ。

また、プロイセン王国の社会主義思想家フリードリヒ・エンゲルス（1820－95）は著作『イギリスにおける労働者階級の状態』（1845年）で、当時の労働者階級の食の実態をレポートしているが、同書によれば、稼ぎのいい労働者は肉やチーズやベーコンを食べるが、そこまで稼げない者は肉の頻度が減ってジャガイモとパンをたくさん食べる。さらに稼げない者はチーズとパンとオートミールとジャガイモだけとなり、最下層のアイルランド人はジャガイモだけの食事になる——と記した。[*41]

ポスト印象派の画家フィンセント・ファン・ゴッホ（1853－90）がオランダ時代に描いた初期の代表作に『じゃがいもを食べる人々』（1885年）がある。ゴッホが32歳の時に描かれた同作は、貧しい農民の一家が室内でジャガイモを食べている場面を描いたもの。暗い色調が特徴で、当時のヨーロッパにおけるジャガイモの立ち位置がよく現れている。ジャガイモに帯びる「貧者のパン」、つまり「経済的に貧しい者が、安直に手っ取り早くカロリーを摂取して腹を満たす」イメージはそのまま、20世紀後半以降、ジャガイモの加工食品であるポテトチップスの「負の側面」に転化された。

それはまた、やがて日本も仲間入りする先進国に特有の、「貧乏人ほど太っていて、富裕層ほど痩せている」を体現するものでもある。貧困層ほど安く、手っ取り早く腹がいっぱいになる炭水化物やハイカロリーな加工食品だけで腹を満たそうとし、富裕層ほど肉や魚で良質なタンパク質を摂り、新鮮な野菜や果物でビタミンを摂るからだ。肉や野菜や果物は往々にして炭水化物より割高だが、栄養バランスが良いため肥満になりにくい。

「下層階級の食べ物」たるポテトチップスが、後年の日本を覆った「下流社会」においてどのような扱いを受けることになったかは、第4章で詳述する。

ポテトチップス用にだけ許されている生ジャガイモの輸入

ジャガイモが「貧者のパン」として人々を救った一方で、人々を地獄に落とした地がある。ヨーロッパの中では最初期、16世紀にジャガイモが伝わった国のひとつ、アイルランドだ。冷涼な気候のアイルランドでジャガイモ栽培はうってつけだった。

17世紀中盤にオリバー・クロムウェル（1599－1658）率いるイングランド議会軍がアイルランドを占領し、アイルランド人が土地の痩せた地域に追いやられた際も、ジャガイモだけはよく育った。ジャガイモはアイルランド人の主食として根付き、生産効率の良さ、栄養価の高さから、食糧事情が安定したことで、アイルランドの人口は19世紀にかけてどんどん増えていく。ジャガイモ不作の年もあるにはあったが、なんとか持ちこたえた。

だが、危惧する者もいた。生きていくための食料を特定の作物だけに依存しすぎるのは、あまりに危険ではないか？　もし大規模な不作が長期にわたって続いたら？

実は、栄養面や栽培面で完全無欠に見えるジャガイモには、大きな弱点がある。実に多くの病気にかかるのだ。

ウイルス感染による葉巻病やYモザイク病、病原性の菌類による疫病や細菌による軟腐《なんぷ》病、さらにはジャガイモシストセンチュウなど、ジャガイモの敵は多い。

また、ジャガイモは種芋から〝自己殖増する〟という性質上、もし種芋が病気にかかっていたが最後、収穫されるジャガイモもすべて病気にやられてしまう。

それゆえ日本では、国立研究開発法人 農業・食品産業技術総合研究機構の種苗管理センターを頂点とした供給体系が構築されており、植物防疫法による増殖段階ごとの検査が行われている。同センターの農場で隔離栽培された無病のジャガイモ（原原種）が原種農家、さらには採種農家（種芋生産農家）と3段階で増殖され、植物防疫官による検査を受けたあと、一般農家に種芋として供給される。これを栽培して得られたジャガイモが消費者の手に渡るのだ。

一般農家が自分の畑で収穫したジャガイモを次の種芋にすることは、「同一県内で自家栽培に利用する」場合に限って許される。それ以外の場合は、植物防疫官による検査を受けなければならない。[*42][*43]

また、日本では植物防疫法にもとづき、生のジャガイモは1950年以降、長らく輸入することができなかった。生ジャガイモは、見た目ではわからないウイルスに感染している可能性があるためだ。もし病気に冒《おか》されているジャガイモが海外から入ってきて、国内の畑地帯を陸送する際にウイルスを撒き散らしてしまえば、取り返しのつかないことになる。

ただし2006年2月からは条件付きで生ジャガイモの輸入が認められている。ポテトチップスの売上が伸び、国内のジャガイモだけでは足りなくなったからだ。とはいえ用途はポテトチップスに限定されており、しかも長距離陸送を防ぐため港湾地区の工場でしか加工することができない。

実は本書の執筆時点で、ポテトチップス用に生ジャガイモを海外から輸入している国内メーカーはカルビー1社のみだ。そもそも国に対して輸入制限の撤廃を求めたのがカルビーであり、会員となっている日本スナック・シリアルフーズ協会を通じて政府に働きかけたという経緯がある。

無論、他メーカーも生ジャガイモを輸入することはできるが、国産ジャガイモにこだわるメーカーはその限りではないし、輸入ジャガイモを使いたくとも港湾地区に大規模な加工工場を保有できるだけの資力がカルビー以外にない、というのが実情だ。

アイルランドのジャガイモ飢饉とバタフライエフェクト

アイルランドの話に戻ろう。1845年8月、Xデーはやってきた。アイルランドでジャガイモ疫病が発見されたのだ。

同年中の収穫量は例年より30％減少。ただ、この段階での餓死者はまだ少なかった。翌春の植え付け用の種芋を食べてしのいでいたからだ。

しかし種芋が減れば、翌年の作付量は当然減る。翌1846年の春は、前年の8割ほどのジャガイモしか植え付けられなかった。

しかも悪いことに、疫病は土を汚染していた。結果、疫病はさらに蔓延し、1846年の収穫量は前年比で70％も減少。その冬の餓死者は40万人にものぼった。翌年も、翌々年も状況はいっこうに改善しない。その有様は文字通りの地獄で、飢えた人々がペット、雑草、人肉まで食べたという記録まで残っている。

ジャガイモ飢饉は1851年にようやく終息したが、アイルランドではそれまでの間に100万人以上が餓死もしくは栄養失調で亡くなった（もっと多いという記録もある）。

ジャガイモ飢饉のせいでアイルランド経済は長らく低迷し、飢饉から50年間でなんと4

00万人ものアイルランド人が移民として祖国を離れ、その大多数は北米に向かった。アイルランドの人口は1841年（約818万人）から1900年までの間で約半分にまで減少している。

この飢饉は当時アイルランドを統治していた英国政府による「人災」だとも言われている。当時のホイッグ党政権が適切な救済策を取らなかったからだ。背景には、プロテスタント信者（イングランド）によるカトリック信者（アイルランド）への排斥的、差別的な世論もあったという。アイルランド人が被った飢饉は、彼らの生活のあり方が宗教上好ましくないゆえに下った「神罰」であると。そんな世論に押されてか、プロテスタントである英国政府の要人たちの多くはアイルランド救済策に後ろ向きだった。[*44]

アイルランド人が抱いたイギリスに対する深い恨みは、意外なところで後を引く。アイルランドは念願叶って1937年に共和国として独立するが、1939年に勃発した第二次世界大戦では中立政策を取り、イギリスがリーダーシップをとる連合軍に自国の港を開かなかった。彼らは1世紀近くも前に宗主国から受けた仕打ちを忘れていなかったのかもしれない。

飢饉をきっかけに命からがらアメリカへ移住したアイルランド人（この中には、のちにアメリカ合衆国第35代大統領となるジョン・F・ケネディ〈1917－63〉の父方の祖父、パトリック・ケネディとその妻ブリジットもいた）も、同じような気持ちだった。彼らアイルランド系移民の多くが、アメリカがヨーロッパの政治に介入しない外交政策「孤立主義(Isolationism)」を支持したのだ。

「ドイツに苦戦しているイギリス？　知らんよ。勝手にやってくれ」

結果アメリカは、1939年に始まった第二次世界大戦に1941年まで参戦しなかった。その孤立主義を破ったのが、濱田音四郎が日本にポテトチップス産業を花開かせる遠因ともなった真珠湾攻撃というのも、なんだか因縁じみている。

真珠湾攻撃がなければ音四郎が強制収容を経て帰国することはなく、太平洋戦争がなければジャガイモが戦時中の代用食として嫌われることもなかった。音四郎が和歌山で食いっぱぐれて上京することも、米軍が日本に駐留することも、彼らが日本でポテトチップスを所望することも、音四郎がそこに商機を見出すこともなった。バタフライエフェクト。戦争の影にジャガイモあり。[*45]

日本、ジャガイモ事始め[*46]

一方、わが国の「ジャガイモ事始め」はどのようなものだったのか。

通説では、日本にジャガイモが入ってきたのは17世紀、オランダ東インド会社が制圧したジャガタラ（もしくはジャカトラ／インドネシアの首都ジャカルタの旧名）からオランダ人によって持ち込まれたと言われているが、16世紀末という説もある。「ジャガタライモ」が転じて「ジャガイモ」と呼ばれるようになった。

江戸時代を通じてジャガイモの栽培は全国に広がり、ヨーロッパ同様、飢饉の際に民を救った。ただ、ヨーロッパのように「下層階級の食べ物」として蔑《さげす》まれることはなかったようだ。その理由として農学博士の山本紀夫は「日本にはもともとジャガイモの導入以前からヤマイモやサトイモなどのイモ類があり、それらに類似するものとしてジャガイモを容易に受け入れた」「『聖書に出てこない作物』などという宗教的な偏見もなかった」[*47]と推察する。

日本におけるジャガイモの別名は馬鈴薯《ばれいしょ》だが、これは中国語に由来するもの。1808年に本草学者の小野蘭山が『耋筵小牘《てつえんしょうとく》』の中で馬鈴薯をジャガタライモとして解説したことに端を発し、現在でも学会や行政上ではジャガイモではなく馬鈴薯という呼び名が用いられている。

そんな日本でジャガイモの産地として筆頭に挙がるのは北海道だ。江戸時代には既に栽培されていたが、明治に入って開拓団が入植すると、冷涼でも育ち保存もきく貴重な食料として作付面積がどんどん増えていった。明治期の主な食べ方は塩煮、あるいは囲炉裏《いろり》の火の中で丸焼きにする食べ方もあったようだ。

ただ、生産量が増えていくと自家消費だけでは追いつかなくなる。しかしジャガイモは水分量が多いので重く、輸送には不向き。かつ、適切に保存しなければ腐って芽が出てしまう。

そこで、別用途としてジャガイモデンプンの生産がはじまった。背景にあったのが、日清戦争（1894－95）後に発展した繊維産業である。繊維用の糊として、国内のデンプン需要が劇的に増加したのだ。

また、明治時代はそれまでユリ科カタクリの根茎から製造していた片栗粉の原料が、徐々にジャガイモに切り替わっていった時期でもある。現在市販されている多くの片栗粉の原料はジャガイモだが、「カタクリ」の名前だけが残っているわけだ。

畑中三応子によれば、1872（明治5）年（明治天皇が牛肉を食し、国民の肉食を啓蒙した年）に刊行された日本初の西洋料理書、『西洋料理通』（仮名垣魯文・編、河鍋暁齋・画／

萬笈閣）と『西洋料理指南』（敬学堂主人・著、雁金書屋）には、早くも「馬鈴薯」の記述が登場する。『西洋料理通』にはアイリッシュシチュー、『西洋料理指南』にはポテトコロッケの原型と思われる「ガンモドキノ如《ごと》キモノ」が紹介されており、後者にはベイクド（焼く）やピュレ（すりつぶして半液体状にする）といった馬鈴薯単独の料理法も載っている。

ただ、家庭料理にジャガイモが登場するのは明治の後半以降であり、しばらくの間は馴染みのある食材ではなかった。現在ではジャガイモが定番具材であるカレーライスは明治初期には日本に紹介されていたが、まだジャガイモは入っていなかった。とはいえ「明治20年代以降の西洋料理書になると、馬鈴薯を肉料理の付け合わせに使うのは、もう普通になっている感がある」（畑中）というから、明治期のジャガイモ普及は順調だったとみるべきだろう。

1914（大正3）年、第一次世界大戦の勃発で、ジャガイモ需要はさらに拡大する。当時イギリスやフランスは、オランダやドイツからジャガイモデンプンを輸入していたが、大戦によって2国から輸入ができなくなり、北海道産のデンプンにそれを求めたのだ。こうしてデンプン工場は道内に急増し、空前のデンプン景気が訪れる。

なお大正時代の三大洋食と言えば「ポテトコロッケ、ライスカレー、カツレツ」だが、ポテトコロッケは主材料がジャガイモ、この頃にはライスカレーにもジャガイモが入っていたほか、すり下ろしたジャガイモでカレールウのとろみをつける、という調理法もあった。要は片栗粉の役割だ。

１９２７（昭和２）年5月28日の東京朝日新聞には、「ジヤガイモの西洋料理　おいしくてやさしい」というレシピ記事が載っている。メニューはポテトボール、ポテトオムレツ、ポテトパイ、ポテトサラド（サラダ）、そして……〝ポテトチップス〟（！）

１９２７年といえば、音四郎の「フラ印アメリカンポテトチップ」が発売される実に23年も前だ。なお、ポテトチップスのおやつ化に尽力した湖池屋の小池和夫はこの年に生を受けている。

デンプン景気は第一次世界大戦の終結とともに終わってしまっていたが、第二次世界大戦時に再び訪れる。このときは食糧が不足したためにデンプンを主食の代わりにしたことや、砂糖不足による甘味の代わり（飴の原料）として需要が高まったことが、その背景にあった。

コーンスターチの輸入で余った国産ジャガイモ

日本における戦中・戦後のジャガイモは米の代用食、節米料理用の食材、そして国民を生きながらえさせる貴重な栄養源として、政府指導のもとサツマイモとともに大増産した。ジャガイモ作付面積は1941（昭和16）年頃からぐんと増加している。

しかし1950（昭和25）年頃から国内の食糧事情が徐々に回復していくにつれ、ジャガイモやサツマイモは生産過剰に陥る。音四郎が「ジャガイモなんかで作ったものなんか、持ってきてもらっては困るよ」と言われていた頃だ。

そこで政府は「生食用」消費ではなく、ジャガイモデンプン需要の拡大に望みを託す。ジャガイモデンプンの用途は幅広い。食品では片栗粉の用途をはじめ、キャラメル、チューインガム、アイスクリーム、パン、ビスケット、酒類や清涼飲料水、プリンやゼリー、マヨネーズ、かまぼこなどの水産練製品、そばやうどん。食品以外では糊やインク、絵具などにも使われている。

北海道におけるジャガイモデンプン生産に関しては、先述したように、のちに湖池屋を窮地から救った太田寛一もキーマンだった。

1946（昭和21）年、士幌農業会の専務理事だった太田は、ジャガイモ農家がデンプン工場にジャガイモを買い叩かれていることを問題視し、士幌農業会の金でデンプン工場を買収して直営としたのだ。その後、士幌農協の組合長に就任した太田は１９５５（昭和30）年、東洋一と評される最新鋭のデンプン工場を建設する。この工場で生産されたデンプンは綺麗な白だったため、かまぼこ業者から大人気だったらしい。

　ところが１９６０年代に入ると、そのジャガイモデンプンも余ってしまうことになる。アメリカから、トウモロコシで作ったデンプン、コーンスターチが安価に輸入されはじめたからだ。ジャガイモデンプンと聞いてピンとこなくても、コーンスターチの表記を目にしたことがある人は多いだろう。

　コーンスターチはジャガイモデンプンに比べてどれだけ安いのか。少し時代は下るが、１９８２（昭和57）年度の時点で1トンあたりジャガイモデンプン18万４３００円に対し、コーンスターチは10万円という記録がある。[*48] 実に半額近い。

　こうしてジャガイモデンプンは徐々にコーンスターチに置き換わり、ジャガイモは再び別の消費用途を必要とされることになる。

　その状況を、小池和夫は察知していた。おそらく和夫の中で、ポテトチップス事業の成功を信じられる根拠は２つあったはずだ。

　ひとつは前述した、「こんなにおいしいものを、もしお菓子くらいの値段で大量に作ることができたら、すごく売れるだろう」という確信。

そしてもうひとつが、「原料のジャガイモは腐るほどある。調達には困らない」だ。国産ポテトチップス産業躍進の背景には、戦中戦後の国策によるジャガイモ増産の反動としてのジャガイモ余り、その後のコーンスターチ輸入によるジャガイモ余りという事情があった。

1967年以降、湖池屋をはじめとした各社のオートフライヤー導入により、ポテトチップスの量産体制は強化された。国民のポテトチップス消費量は徐々に増えていく。

しかし、ポテトチップスを本当の意味で「国民全員のおやつ化」すべく機会をうかがう新たなプレーヤーが、虎視眈々とゲームチェンジを狙っていた。

第２章

団塊ジュニアの胃袋を狙う
——大衆化するポテチ

国策と大阪万博——1970年のポテトチップス

「国策」がその国の食文化に影響を与えることは、ままある。

先述のように、アメリカの禁酒法は廃止後にポテトチップスの需要を増大させたが、同時にカクテル文化も生んだ。禁酒法施行中は質の悪い工業用アルコールを主体とする酒が多く出回ったが、そういったまずい酒を少しでも口当たりよく飲む手段として大いに発展したのが、甘いジュースなどを混ぜてごまかすカクテルだった。

アメリカのドーナツ文化もそうだ。1956年、当時のアイゼンハワー大統領が連邦補助高速道路法に署名。国策として高速道路が整備されたことで、アメリカ全土の車社会化が進み、テイクアウト食品の需要が拡大する。結果、道路沿いにドーナツ店が激増した。

日本におけるカニにもそういう側面がある。現在、カニは「かに道楽」などのチェーン店で日本全国いつでもどこでも手軽に食べられるが、昭和30年代までは都市部に住む人間が気軽に口にできる食材ではなかった。カニは長時間の輸送中に傷んでしまうし、下手に冷凍すると味が落ちてしまうからだ。

それを克服したのが冷凍技術の向上と、もうひとつ。国策として整備された東海道新幹線であると言われている。

「かに道楽」の1号店が大阪・道頓堀にオープンしたのは1962（昭和37）年だが、そこでカニ料理を通年提供するためには関西近郊の漁港だけでなく、北海道のカニも確保する必要があった。しかし当時は保冷車が普及していない。そこで、北海道で水揚げしたカニを羽田まで空輸ののち大阪に運ぶのに、その後開通した東海道新幹線（1964年開通）を使った。こうして「かに道楽」は繁盛し、「外食でカニを食べる文化」は日本中に浸透した。


東海道新幹線開通から6年後の1970年。大阪府吹田市の千里丘陵で日本万国博覧会、いわゆる大阪万博が3月から9月の会期で開催された。アジア初の国際博覧会であり、日本が国家の威信をかけ「国策」として実現させた、超巨大プロジェクトである。

大阪万博には世界中の最新技術や文化が展示され、その中には動く歩道やモノレール、電気自動車、缶コーヒー、ファミリーレストランなど、のちに普及する技術や商品、サービスも多々あった。岡本太郎が制作した「太陽の塔」や、アメリカ館に展示された「月の石」の大行列もよく知られている。

その大阪万博によって、ポテトチップスの原料である国内のジャガイモが驚異的に値上がりしてしまう。多くの外国人が来日してフライドポテトの需要が急拡大したせいだ。フライドポテトはステーキなどの付け合わせなどによく使われた。

ポテトチップスメーカーはさぞ大打撃……と思いきや、湖池屋は事なきを得る。先述の通り、士幌農協の太田寛一と、「相場ではなく毎年同じ値段で」ジャガイモを買い付ける約束をしていたからだ。

とはいえ、ジャガイモ相場は3倍。不満を漏らしたのはジャガイモ農家たちである。普通に売れれば3倍の値段で売れるのに……。しかし、太田とその右腕だった士幌農協専務の安村志朗[*49]が農家たちを説得した。

このことは、小池孝が父・和夫から聞かされていた。「農業はもっと産業化すべきである。相場に左右されることなく、毎年安定的に儲かるようにならなければならない。だから相場が上がろうが下がろうが、約束した値段で売るんだ。それが将来のためになる。太田さんは農家さんたちにそう言ってくれたそうです」

こうして、ジャガイモの価格高騰にあってもポテトチップスは順調に売上を伸ばしていったが、その成長ぶりに今度は国が着目する。再び「国策」の登場だ。

大阪万博開催中の1970年8月頃、農林省（現・農林水産省）畑作振興課の山口篤課長補佐（いも類班担当）から、同課の狩谷昭男（2005年から2017年までいも類振興会の理事長）に、こんな指示が下った。

「大阪万博を機に、ポテトチップスの需要が伸び人気が高いそうだ。ポテトチップス業界の実態とその需給動向を調査してほしい。出来れば近い将来ポテトチップス協会のようなものを立ち上げてジャガイモ産業の振興に繋げていきたい[*50]」

狩谷はポテトチップスメーカー十数社を集めて情報を収集。工場も見学した。そのさなかの1972年ごろ、狩谷は広島に本社のあるスナックメーカーがポテトチップス市場進出に関心を寄せていることを感じ取る。

その数年前に「かっぱえびせん」で一躍全国区のメーカーに躍り出た、カルビーだ。

ポテトチップス前夜としての「かっぱえびせん」

カルビーは1949（昭和24）年、松尾孝（1912－2003）により松尾糧食工業として広島県広島市に設立された会社だが、松尾はそれ以前から、父親が営んでいた米ぬかの微粉の製造販売を引き継いでいた。戦時中は、サツマイモの澱粉粕《でんぷんかす》や粉状の胚芽に小米《こごめ》

（砕けて粉のようになった米）を入れた代用食の団子を学校や工場に納めている。当時の代用食でサツマイモに並ぶものといえば、先述の通りジャガイモ。この時点で松尾がポテトチップスの原料であるジャガイモに「イモ」つながりでニアミスしているのは面白い。

松尾家は食品製造販売の家系で、孝の祖父は１９０５（明治38）年に柿羊羹《かきようかん》製造・販売の松尾巡角堂を創業した人物だ。柿羊羹とは、干し柿をジャム状にして砂糖と寒天を煮詰めたものを混ぜた、広島市や岐阜県大垣市の名物である。

松尾糧食工業は１９５３（昭和28）年に不渡りを出して倒産、１９５５（昭和30）年に社名をカルビー製菓として再出発する。

このとき松尾孝は、当時アメリカから大量に輸入されていた小麦を使ってあられを作ることを思いつく。本来あられは餅米を原料とする米菓だが、小麦でそれをやろうというわけだ。

この小麦あられは「かっぱあられ」シリーズとしてさまざまな味付けで発売されたが、長らく大ヒット商品とまではいかなかった。発売10年目の１９６４年、最後の「かっぱあられ」シリーズとして発売されたのが「かっぱえびせん」である。

いくつかのインタビューなどで確認できる松尾孝の述懐によれば、「かっぱえびせん」

発想のヒントは、幼い頃に母親が食べさせてくれた小エビの天ぷらだという。「小エビは天ぷらにしてこそ最上の味がする」[*51]。松尾は小麦粉に小エビを入れて油で揚げ、水分を飛ばして日持ちの良い食品にしようと考えた。

「かっぱえびせん」は小エビの殻を剥かず丸ごと使う。本来エビの殻は剥くものだが、新鮮なエビを使えば剥かなくても問題はないし、むしろ風味が良くなり健康にもいい。このような「未利用資源を利用する」ポリシーは、松尾孝の信条でありカルビーの創業精神でもあった。米を削ったときに出る米ぬかで代用食を作るのも、そのポリシーに適《かな》っている。

試行錯誤の末に発売された「かっぱえびせん」だが、発売直後から大ヒットしたわけではない。カルビー中興の祖と呼ばれる孝の三男にして3代目社長・松尾雅彦は、本格的に売れ始めたのは1966年頃という認識[*52]だった。他方、ローカル商品だったかっぱえびせんがナショナルブランドに育ったのは、1968（昭和43）年4月に栃木県宇都宮市に新工場を建設してからであるという見方[*53]や、全国的なブレイクは「やめられない、とまらない、カルビーかっぱえびせん」のTVCMを1969年に流しはじめてから[*54]、と見る向きもある。

とにかく「かっぱえびせん」の売上は発売後数年間でみるみる伸び、販路も劇的に拡大した。これをもって、西日本のローカル企業にすぎなかったカルビーは全国区の菓子メーカーへと躍進したのである。

虎視眈々のカルビー

カルビーの宇都宮工場が操業を開始してしばらくした頃、松尾孝に北海道庁幹部が相談を持ちかける。

「北海道には、ジャガイモがあり余っている。それを利用した加工食品は出来ないか」[*55]

ｎｏｔｅのカルビー公式アカウント「THE CALBEE」には、以下のような言葉として描写されている。

「生産されたじゃがいもの半分以上はでんぷんのみとって、残りは飼料になっている。アメリカのように、でんぷん原料以外の加工食品を作ってほしい」[*56]

ここでも松尾孝の「未利用資源を利用」精神が生きてくる。潰してデンプンになってしまうジャガイモを、丸ごと生かせる加工食品はないものか？　そもそも余っているジャガイモを大量に消費する加工食品を新しく開発できないものか？

先述の通り、ジャガイモデンプンは１９６０年代に入ってからコーンスターチにどんどん置き換わり、ジャガイモは余り気味だった。だからこそ湖池屋・小池和夫もジャガイモ手配には苦労しないはずだと考え、ポテトチップスの製造を「いける」と踏んだ。他メーカーも追随した。だが、それでもジャガイモは余っている。

松尾孝が出した答えは、やはりポテトチップスだった。

実は道庁幹部が相談を持ちかける前の1967年8月、カルビーはニューヨークで開かれた国際菓子博覧会に「かっぱえびせん」を出品するが、松尾孝はそこで米英のメーカーから出品されていたポテトチップスの山を目にしている。

帰国した孝は早速、国内の市場調査を行った。

当時のポテトチップス市場シェアと販売高はどれくらいのものだったのか。1966年度は1位が湖池屋で11・7％（1・4億円）、2位が東京スナック食品で8・5％（1・02億円）、3位がデイリー商事で5・0％（0・6億円）、4位が音四郎のアメリカンポテトチップ社で3・3％（0・4億円）。全体で12億円市場といったところである。[*57]

伸び盛りの市場ではあったが、孝はむしろ〝伸び悩んでいる〟と感じた。市場があまりにも小さすぎるのだ。アメリカでのポテトチップスは、年間3000億円もの市場がある。日本の人口はアメリカの半分なのだから、1500億円の市場があってもいいはず――。

松尾孝は伸び悩んでいる理由が主に３つあると考えた。

１つめは、値段が高すぎること。湖池屋ほか各社は１袋１２０～１５０円[58]で売っていたが、これは創業当初より自社商品を「安く、たくさん売り、利益は二の次」を信条としてきた孝には我慢ならない状況だった。

息子の松尾雅彦はカルビーがポテトチップス市場に参入した当時、「『これまでの先駆者達の22年間の努力にも拘《かかわ》らず、50億円の市場から脱皮できないのは、価格が高いから』との仮説を立て」ていたと発言している。[59]これは先人たち（濱田音四郎や小池和夫）に対するやや挑戦的な物言いに聞こえなくもない。「先輩がたは22年もかけて、ポテトチップスをたった50億円市場にしか成長させられなかった」と言わんばかりだ。

２つめは品質面である。ポテトチップスは油の酸化によって味がどんどん落ちていくのに、酸化してまずくなった商品が平気で店頭で売られてしまっていた。これを何とかしなければならない。

３つめは、大々的な宣伝が足りていないこと。宣伝の大切さは、「かっぱえびせん」が「やめられない、とまらない」のＣＭで全国ブレイクを果たしたことがこれ以上なく示している。良いものを作っても、知られなければ意味がない。宣伝費は相応に割くべきだ。

松尾孝は1969（昭和44）年12月、ジャガイモの一大産地である北海道の千歳市に「かっぱえびせん」の工場を建設し、そこを拠点としてジャガイモの調査・研究をスタート。それをきっかけにジャガイモの供給体制・貯蔵施設の整備などを固めにかかる。

1972（昭和47）年、カルビー（当時はカルビー製菓）は同年に開催された冬季オリンピックの開催地の名前を冠した「サッポロポテト」を発売する。これは小麦とエビが原料である「かっぱえびせん」のエビ部分をジャガイモに置き換えたもの。つまり小麦生地にジャガイモを練り込んだスナックだ。

ところで、本来のえびせん、つまり「海老煎餅」の原料は小麦とエビではなく、ジャガイモデンプンとエビである。のちにポテトチップスをはじめとしたジャガイモスナックで市場を席巻するカルビー最初の大ヒット商品「かっぱえびせん」は、いわば〝本家ジャガイモスナック〟である海老煎餅のジャガイモ部分を小麦に置き換えた製品だった。つまり、登場順に並べるとこういうことだ。

①海老煎餅…ジャガイモデンプン＋エビ
②かっぱえびせん…小麦＋エビ

③サッポロポテト…小麦＋ジャガイモ
④ポテトチップス…ジャガイモ

その二転三転する原材料の「ねじれ」は、なにやら運命的である。

「サッポロポテト」はカルビーとしては初めて〝生の〟ジャガイモを扱うスナックであり、[*60]生ジャガイモを取り扱うノウハウを貯めるという意味において、ポテトチップスの〝予行練習〟としての性質が強い商品だった。つまり、製法を同じくするかっぱえびせんの〝続編〟にして、ポテトチップスの〝前日譚《たん》〟ということになる。「サッポロポテト」は「かっぱえびせん」とポテトチップスの橋渡し役であった。

松尾孝はこの時期、農林省・本宮義一畑作振興課長のもとをたびたび訪れ、ポテトチップスの情報収集に励んでいた。[*61]その中で胸に刻んだのは、ポテトチップスの製造に不可欠なのはジャガイモの安定確保であるということ。かつて小池和夫がポテトチップス量産化にあたって重要視したことと同じである。

カルビーは着々と、ポテトチップス市場への参入準備を進めていた。

1960年代、ポテトチップスは「まだまだ」だった？

1960年代後半、ポテトチップスの売上は「伸びていた」という声もあれば、松尾孝のように「まだまだ」という見方もあった。実際のところはどうだったのか。

この時期はポテトチップスのみならず、「スナック菓子」というカテゴリ自体が比較的新しいものだった。なおスナック菓子とは、イモ、トウモロコシ、豆類といった炭水化物を油で揚げたもの——という定義が一般的だが、「押出成形スナック」と呼ばれる油で揚げないタイプのものもある。

『'70 食品マーケティング要覧 第1 スナック食品市場の展望』には、スナック市場について以下のように書かれている。

「あられ、せんべいの如き米菓は、日本古来のものであり、同様に、ポテトチップスも戦後間もなく企業化されている。このように商品としてのスナックフーズは古くからあるにもかかわらず、つい最近迄注目されなかった点が『スナックフーズ』を知る上で重要と考える。

つまり、スナックフーズは、マーケティングの発達に伴ない食品市場に『新しいマーケット』として確立されようとしている」

これが1960年代末の空気だ。ちなみに明治製菓（現・明治）は1968年にトウモロコシを原料とする押出成形スナック「カール」を発売した。同社は自社のホームページで「スナック菓子という概念がなかった日本に初めて登場した」と説明している。

その頃、ポテトチップスの市場規模は以下のように伸びていた。

1965年　10億円
1966年　12億円
1967年　15億円
1968年　20億円

出典：『'70食品マーケティング要覧　第1　スナック食品市場の展望』

数字だけ見れば順調に伸びているように見えるが、当時ポテトチップスは「全国津々浦々で年中売れている」という状況ではなかった。

メーカーは地方ごとに所在しており、基本的にはその地方だけをカバーする流通。業界トップの湖池屋ですら東日本中心の流通で、全国をカバーできてはいなかった。[*62][*63] また、ジャガイモが手配できない時期は生産を止めていた。

松尾雅彦は2003年のインタビューで、1960年代後半頃の話として「国内メーカーも三十社程度ありましたが、ヒット商品にはなっていませんでした」と述懐している。[*64]

前出の元農林省畑作振興課・狩谷昭男も「消費者から本格的に注目され始めたのは1970（昭和45）年に開催された大阪万博頃から」[*65]という認識だ。なお、農林省の後押しによって日本ポテトチップ協会が発足したのは1974年11月である。

1960年代末時点でのポテトチップスの社会的ポジションが垣間見えるのが、1969（昭和44）年6月26日の朝日新聞朝刊に掲載された4コマ漫画『サザエさん』だ。

サザエとマスオが波平から夏のレジャー資金をせしめるべく、豪華な晩酌セットを準備する。恭《うやうや》しくテーブルクロスをかけられたちゃぶ台の上には、瓶ビールのおつまみとして、「ウインナーソーセージ」「チーズ」「エダ豆」そして「ポテトチップ」が並ぶ。

2020年10月3日の朝日新聞記事「サザエさんをさがして」では、同編について酒文化研究所代表の狩野卓也が以下のようにコメントしている。

「卓上に並ぶのは、今ならクラフトビールや、全国からお取り寄せした珍味のようなもの。当時にしてはかなりハイカラなメニューで、波平がつられてしまったのも理解できます」

1969年時点のポテトチップスは、東京都世田谷区の一軒家に居を構えて都心に通勤する中年男性を「接待」できるほどには、ハイカラな食材だった。

『サザエさん』の同編が描かれた時期に刊行された『'70 食品マーケティング要覧 第1

1969年6月26日朝日新聞朝刊
©長谷川町子美術館

スナック食品市場の展望』には、ポテトチップスの「消費の形態にも大きな変化がみられる」として、「ビール・洋酒等の〝つまみ〟的要素から女性、ヤング層等に〝おやつ〟的需要へと消費層の拡大がみられる」とある。

ポテトチップスにとって1969年は、ある意味で過渡期だったのかもしれない。感度の高い人は知っているし、食べている。ただしおやつとはいえ、全国津々浦々の一般庶民が気軽に食すほどには普及していない。松尾孝が指摘したように、一般庶民からすれば1袋150円は「やや高い」のだ。

そんなモヤモヤした状況を一気にひっくり返すべく、カルビーがついに自社製のポテトチップスを世に放つ。製造工場の所在地は北海道斜里郡小清水町。もともと小清水工場はあみ印食品工業がシューストリングポテトを製造していたが、カルビーが買収してポテトチップス工場としたのだ。

しかもその価格は、1袋100円。ポテトチップス業界は上を下への大騒ぎとなった。

巨人の参入

1975年9月、「カルビーポテトチップス　うすしお味」発売。それまで他メーカー

1975年発売当時の「カルビーポテトチップス　うすしお味」（写真提供：カルビー）

が1袋１２０～１５０円だったところ、90ｇで１００円という低価格だった。販売エリアは9月に北海道地区、10月に関東地区、11月に大阪地区と順次拡大されていった。

ただ、当のカルビーは最初から売上が好調だったとは認めていない。[*66] 松尾雅彦は後年、「初年度は全然売れませんでした。三十億円から四十億円を目標に馬鈴薯《ばれいしょ》を集めていたのに、売れたのは十四億円」と振り返っている。[*67] １９７５年の発売直後はポテトチップス自体が日本に定着しておらず、業界的には「売れ始めたのは翌年に始まった藤谷美和子のＣＭがきっかけ」と見る向きも多い。

藤谷美和子のＣＭは現在でもＹｏｕＴｕｂｅなどで確認できる。２０２３年現在の50代後半以上なら記憶に残っているだろう。当時14歳の藤谷が「１００円でカルビーポテトチップスは買えますが、カルビーポテトチップスで１００円は買えません。あしからず」とペコリ一礼するだけの、シンプルなもの。愛嬌のある藤谷の笑顔や、最初の「100円」の言い方が独特（「世界」や「サイン」と同じイントネーション）だったこともあって耳に残り、よくモノマネもされたという。

『'75 食品マーケティング要覧 no.3 スナック食品市場の将来』の言葉を借りるならば、カルビーの市場参入によってポテトチップスは「販売地域の拡大、ナショナルブランド化が都市から地方へと浸透し始め地域性が排除され」た。流通の偏りが解消されていったのだ。

日経産業新聞「湖池屋、西日本に挑む――成長株は立体スナック」（1983年4月7日）には、「ポテトチップス市場は五十一年（筆者注：1976年）を境に大きく変わった」「当時百億円だったスライスチップの市場は現在六百五十億円にもふくらんだが、このけん引車となったのがカルビーだった」と書かれている。

ちなみに筆者の母は1947年生まれだが、「カルビーポテトチップス　うすしお味」が発売されて初めてポテトチップスという菓子の存在を知った。母は愛知県名古屋市で幼少期をすごし、県内の別地域に引っ越したあと高校卒業後に就職。1970年に父と結婚して同じく県内のベッドタウンに引っ越している。それまでの間に東日本を中心に流通していた湖池屋のポテトチップスのことは、一切知らなかったという。

こうしてカルビーは、ポテトチップス市場で一気にのし上がった。

当時カルビーのポテトチップスにどれほど勢いがあったかは、1977〜79年ごろにその好調ぶりが業界誌・紙や経済誌・紙で頻繁に報じられたことのみならず、TVCMという切り口で一般の週刊誌で報じられていたことからもうかがえる。

「週刊平凡」1978年6月15日号には「CM裏ばなし」というコラムで「カルビーポテトチップス」の「キャンディーズのパロディーCM」について書かれている。「週刊プレイボーイ」1978年11月7日号には、「カルビーポテトチップス」のTVCMが「各大学祭でのCF研究会の研究テーマに必ずといっていいほど選ばれている」とあり、早大CM研究会の学生のコメントも掲載されている。

ところで、「小さなメーカーがそれぞれの地域でまったりと商売をしていた中で、最後発のカルビーが圧倒的なパワーで市場を席巻した」のと似た状況は、アメリカで先行していた。

禁酒法の廃止から4年後の1937年。スナック食品事業を行っていたハーマン・レイがジョージア州アトランタのスナックメーカー「バレット・フード社（Barrett Food

Company)」を買収した。

レイは社名を「H・W・レイ・リンゴ&カンパニー(H.W. Lay Lingo & Company)」と改め、1938年からポテトチップスの製造を開始。大量かつ経済的かつ高速に揚げることができる連続式オートフライヤーの発明に貢献した。のちに湖池屋が量産化のために導入した機械である。

ポテトチップス好きなら、「レイ」と聞けばアメリカのポテトチップス「Lay's」がすぐに思い浮かぶだろう。

同社は1961年に、フリトー社(Frito Company)と合併してフリトー・レイ社(Frito-Lay, Inc.)となる。「Lay's」ほか、コーンスナックの「ドリトス」や「チートス」で知られるフリトレー社だ。

フリトレー社は60年代から70年代にかけて急成長し、アメリカのスナック市場を爆発的に拡大させた。1965年にはペプシコーラ社(Pepsi-Cola Company)と合併してペプシコとなる。

フリトレー社の全国展開により、1940年代から50年代にかけて全米の各地方に点在していた小さなポテトチップスメーカーは、徐々に淘汰されていった。フリトレー社が全国規模で宣伝を打ち、かつ地元メーカーより安い値付けを敢行したからだ。こうして多くの地元ブランドが消え、70年代にアメリカのスナック業界はフリトレー社の天下となった。[*68]なお2023年現在、同社の日本法人であるジャパンフリトレーはカルビー傘下である。

ふたりの「孝」

「カルビーポテトチップス　うすしお味」発売についての本書のここまでの記述は、さまざまな発表資料を丹念にあたれば出てくる情報である。国内ポテトチップス史においては定説中の定説だが、言ってみればカルビー側の視点による〝史観〟であるとも言えよう。関ヶ原の戦いで言えば東軍、覇者である徳川サイドがのちに述懐する物語の視点だ。

これを「まくられた」側、湖池屋サイドの視点に変更してみると、少し違った風景が見えてくる。2021年に筆者が行った小池孝へのインタビューから、当時を述懐した箇所を拾ってみよう。なお小池孝が湖池屋に入社したのは1980年なので、カルビー参入の1975年時点ではまだ入社前である。

「カルビー参入の前後、明治製菓（現・明治）、不二家、東鳩東京製菓（現・東ハト）といった大手メーカーが大挙してポテトチップス市場に参入してきましたが、皆うまくいきませんでした。最後に入ってきたのがカルビー。当時はかっぱえびせんが大ヒットしていて、すごい勢いでした」

カルビーが小清水工場を買収したあみ印食品工業も、当時は湖池屋のライバル会社のひとつだった。同社は1972年にシューストリングポテトを発売し、道内ではこの小清水と士幌、そして茨城県下妻市の3カ所に生産ラインを設置したが、2年で撤退。やがて小清水工場はカルビーの手に渡り、明治製菓（現・明治）が士幌工場の所有者である士幌農協に自社ブランドでの製造委託（OEM）を行ってポテトチップス事業に参入した。[*69][*70]

「カルビーさんは、テスト販売時には我々と同じ150円という値付けでしたがあまり売れず、その後100円にしたら飛ぶように売れだした。当時社長だった親父（小池和夫）は『大変なことになった』と焦っていましたね」

小池和夫は前年にできたばかりの日本ポテトチップ協会を通じ、松尾孝に「お願い」をした。

「参入してくるのはいいけど、中小企業を潰すような価格はやめてくださいって。でも、けんもほろろだったそうです。親父、『あの人はめちゃくちゃ頑固だ』って（笑）」

敏腕かつ冷徹なビジネスマンたる松尾孝の人柄がうかがえる。

小池孝によれば、当時ポテトチップスメーカーは約１００社あったが、カルビーに合わせて１００円に値下げするメーカーも出てきた。しかし湖池屋は価格を変えない。

「うちくらいの会社規模だと、１００円ではとてもやっていけない。結果どうなったかというと、値段を下げなかったメーカーだけが残りました」

価格を下げたメーカーは利幅を減らし、企業体力を削られ潰《つい》えていった。

ただ、残った湖池屋とて苦難は続く。カルビー参入からしばらくの間は、市場拡大に乗じてカルビーと一緒に売り上げを伸ばしたが、３年ほどたった頃から大きく水をあけられるようになる。小池孝はその理由のひとつに、「カルビーの品質が良くなった」ことを挙げる。

「ポテトチップスの製造にはたくさんのノウハウが必要なので、どんなメーカーでも参入当初は品質が十分じゃない。カルビーさんには悪いんだけど、彼らの最初のポテトチップスは見ただけですぐにダメだとわかりましたよ。ポテトチップスはパリパリでなきゃいけないのに、ぐにゃぐにゃ。味も、後から出たものとは全然違う。だから参入当初のカルビーさんが『50円安い』というのは、ある意味で妥当だった」

小池孝は言葉を選ばず言った。「安かろう悪かろうですよ」

「ところが、カルビーさんの品質が徐々に上がってくると、『湖池屋が50円高い』ことが市場で通用しなくなっていった。当初は『おいしいものを求める人』はうちを買っていたけど、品質差が徐々に縮まっていったから。だけど、価格は縮まらない」

そう語る小池孝は、実に潔く当時の「負け」を認めているように見えた。

一方の松尾孝は市場参入前、前述の通り先行するメーカーのポテトチップス品質面に不満があった。しかし、いざ参入すると、ポテトチップス製造の難しさを痛感。後年の述懐にそれが現れている。

「思いの外難《ほかむず》かしいものでそう簡単には出来ませんでした。三人の私の子供達と数人の幹部を主として、担当させましたが、えびせん以上に製造の上に苦心があったようです」[*71]

この寄稿は1980年のものなので、カルビーは既にポテトチップス売上300億円以上を計上する「王座」に君臨している。にもかかわらず松尾孝に驕《おご》りの姿勢は一切見えない。寄稿はこう続く。

「この五年間に、全国に六ヶ所のチップ製造工場を持つようになりましたが、いまなお満足な製品が出来たとはいいかねるのです。そのため今も研鑽を続けておる次第です」

〝業界の空気を読まない〟カルビーの参入により、かつて中小の菓子業者たちが醸していた熱海旅行のような牧歌的な空気はなくなった。湖池屋もカルビーも競合他社に対する強烈なライバル心を露わにし、互いの商品に対して非常に厳しい目を向けていたことは、松尾・小池両氏の言葉の端々からうかがえる。

と同時に、両社とも自社の落ち度や負けは素直に認め、卑屈になることも、驕り高ぶることもなかった。ライバルメーカーと切磋琢磨しながら、ひたすら向上を目指した先に、現代日本のポテトチップス文化がある。

まるで「武道」だ。試合（手合わせ）の目的は相手を叩き潰すことではなく、切磋琢磨して己を成長させること。正々堂々と戦った相手への敬意は忘れない。

小池孝はカルビー参入で辛酸を嘗めた思い出を、つい最近の出来事のように話す。そして少し微笑みながら言った。

「縁があるのかな。松尾孝さんと僕、同じ〝孝〟って名前なんですよね」

カルビーは1976年、今度は湖池屋の後を追いかけるように「カルビーポテトチップス　のりしお」を発売する。

ポテトチップスは生鮮食品

「カルビーポテトチップス　うすしお味」が売れた理由はTVCMだけではない。流通を固め、鮮度政策を徹底したことだ。

TBS系『応援！日本経済　がっちりマンデー!!〜日曜に勉強！月曜から実践！〜』2006年12月24日放送回では、「うすしお味」が当初売れなかった理由について、カルビー社員によるこんな説明があった。「なんで売れないのか営業マンが店頭を回って見に行くと、ポテトチップスがホコリをかぶっている。中を開けてみると油が酸化していて、『ウッ』とくるようなモノがたくさんあった」

それまで菓子の製造と流通は、メーカーが業者に原料を調達してもらい、工場で作った商品を問屋に卸し、問屋が店にセールスする方式が一般的だった。しかし、この方法では古いポテトチップスも店頭に並んでしまい、メーカーはそれをコントロールすることができない。

松尾雅彦は、ニューヨークで父の松尾孝がポテトチップスの山を見て衝撃を受けた報告を受けたあとに、今度は自分が渡米している。その際、現地で「スナック菓子も生鮮食品と同じで、昨日つくったのを今日売るというような流通政策をしないといけない」と教わった。すべてのプロセスを自社でコントロールする必要があるのだ。そのことを思い出した雅彦は、農家にアプローチして原料を調達し、加工した商品をカルビー自身が直接売り場にアプローチする方法に変えた。[*72]

さらに油の劣化対策として、揚げ作業の方式を直火型（フライヤーを直接加熱する直接加熱方式）から還流型（フライヤー外で食油を加熱する間接加熱方式）に転換。[*73]かつ古いポテトチップスが流通しないよう、袋に刻印された製造年月日のチェックを営業部隊に徹底させた。[*74]

こういった施策が功を奏し、小池孝の言葉通り「発売当初はダメだったが徐々に品質が向上」していく。

「ポテトチップスを生鮮食品と捉え、鮮度を徹底的に追求する」は、特に「ポテトチップス」発売以降のカルビーにとって社是ともいえるポリシーとなった。

1983年、業界で初めてポテトチップスの袋にアルミ蒸着フィルムを導入したのはカルビーである。これにより、遮光性、防湿性、防臭性を飛躍的に向上させた。それまでのポテトチップスは他社も含めポリエチレン製の透明フィルムを使用しており、品質劣化が早かったのだ。年配層の中には、透明で中が見えるポテトチップスパッケージの記憶がある方も多かろう。あれはあれで食欲をそそるものだが、鮮度維持機能が高いとは言えない。

アルミ蒸着フィルムは湖池屋の導入も同時期の1985年。小池孝はこのことを「ポテトチップス業界の大改革」と評価する。製造コストはやや上がったが賞味期限が2カ月伸び、市場は7%も拡大したのでカバーできた。売上が伸びた理由のひとつには「外見が高級に見える」効果もあったそうだ。当時の流通専門紙には「一袋当たり約三円のコスト高になったが、鮮度保持の期間が二倍に伸びた[*75]」と書かれている。

ホクレンvs.カルビー

松尾雅彦はポテトチップス市場が全国一斉にドライブした理由として、先述した価格、品質に加え、ジャガイモの通年安定供給も挙げている[*76]。

そもそもポテトチップスは、先述したように1年中売られる商品ではなかった。かつてはジャガイモの長期保存ができなかったので、ジャガイモが収穫できない時期はポテトチップスを製造することすらできなかった。ポテトチップスは果物や野菜などと同じく、季節商品だったのだ。

そこでカルビーはアメリカの技術を導入して長期貯蔵のノウハウを得、10月に収穫されたジャガイモを翌年6月まで保存できる越冬型長期貯蔵庫を建設する。[*77]

現在、我々が1年中ポテトチップスを食べられるのは、収穫時期の異なるさまざまな地域で収穫されるジャガイモを、貯蔵を交えながら計画的に原料使用しているからだ。

たとえば、鹿児島など九州南部では5月に収穫され、その後「ジャガイモ収穫前線」は北上し、北海道では概ね8月から10月に収穫される。よって、10月から12月は北海道産の直送イモを使用し、1月から6月頃までは貯蔵された北海道産のイモを少しずつ出しながら使う。6月以降9月頃までは鹿児島・長崎・あるいは四国・本州南部産の直送イモを使用することで、供給を途切れさせない。[*78]カルビーの場合、アメリカ産のジャガイモもここに混ざる。

ちなみに毎年秋頃には「秋の新じゃが」と称した期間限定出荷商品をいくつかのメーカーが発売するが、それは北海道産ジャガイモを文字通り「採れたて」で加工したものである。

ジャガイモの安定確保はポテトチップス製造において非常に重要であり、そのための努力は各社とも惜しまない。カルビー社内に残る資料によれば、1977年に鹿児島で「契約栽培スタート」という記載がある。同社は1978年、さらなるジャガイモ安定確保のため、農林省畑作振興課の畑作専門企画官・勝俣五男をスカウトしたほどだ。[*79]
だが、この「通年安定供給」を実現するため、カルビーは国内最大級の農協系組織と長年にわたっていがみ合うことになる。その組織とは、JA(農協)グループに属するホクレン。ジャガイモ安定供給で湖池屋を助けた太田寛一も会長を務めた、あのホクレンだ。カルビーはホクレンからジャガイモを買い取らず、個別の農家や農協と交渉してジャガイモの調達を試みた。[*80]
「ホクレン飛ばし」が面白くないホクレンは、「果物が売れず農家が苦しんでいるのは(同じ甘いものを売る)お菓子メーカーのせい」だとアンチキャンペーンを張り、やり返す。また、北海道では検疫を通過したジャガイモの種芋をホクレンが一手に管理している関係で、カルビーと契約した農家が種芋を入手しにくい状況があった。カルビーの幹部がある会合でそれについて批判すると、その噂がホクレンの耳にも入り、さらに確執は深まってゆく。
カルビーは1980年、原料部門をカルビーポテトという会社として独立させ、生産農家と栽培契約を結んでジャガイモの安定供給を図る。80年代にカルビーが隆盛を極めたのは、この原料調達を徹底的に固めたからだ。こうしてホクレンとの対立は続いた。

しかしこの対立が四十数年の時を経て、なんと和解をみる。2020年8月、両社は北海道産農産物の振興に関する連携協定を締結し、ジャガイモの安定生産・供給やジャガイモを使った新商品の開発で協力することになったのだ。

きっかけは本書序章で述べた、国内ジャガイモの「生食用」消費の低下と、ポテトチップスをはじめとした「加工用」消費の増加だ。ホクレンとしては、その加工ジャガイモの7割以上を占めるポテトチップス、そのポテトチップス市場シェアの7割以上を占めるカルビーと手を結ばなければ、未来はないと悟ったのだ。

一方のカルビーは、2016年の北海道における台風被害でジャガイモの収穫高が激減し、翌年にポテトチップスが不足するという前代未聞の事態、通称「ポテチショック」を受け、このようなことが二度と起こらぬよう対策を講じる必要があった。海外からのジャガイモ輸入枠拡大は継続的に政府に働きかけるものの、やはり国内ジャガイモの確保が第一だ。しかもカルビーとしては今後もジャガイモの調達量を増やしたい。

こうして両社は手を結び、長きにわたる対立は終結をみた。

トヨシロをカルビーに売り込んだ男

ところで、ポテトチップスに使われているジャガイモは、我々がスーパーなどで目にするジャガイモ（男爵いも、メークインなど）とは品種が異なる。2023年現在、各社がポテトチップス原料に使う主なジャガイモは、「トヨシロ」「きたひめ」「スノーデン」「オホーツクチップ」といった品種だ。

これらに共通する最大の特徴は糖度が低いことである。糖度が高ければ高いほど甘みを感じるが、油で揚げたときに変色しやすく、焦げやすくなる。ジャガイモは長期貯蔵すると糖度は上がるものだが、これらは糖度が上がりにくい。

また、ジャガイモは光に当たると皮が緑化し、有毒なソラニンの含有量が多くなってしまう。ものによっては数カ月にわたって貯蔵するポテトチップス用のジャガイモは、緑化しにくい品種であることも重要だ。

さらに、目（芽が生えてくる窪《くぼ》み）が浅い品種が好ましい。目が浅ければ、発芽してしまった芽をわざわざ刳《えぐ》り取るようなことをしなくても、自動皮むき機を使う際、同時に芽も除去できるからだ。

そして、日本ではポテトチップスに色の白いジャガイモが好まれる。輸入食品店などで売られている欧米のポテトチップスは黄色いものが主流なので、この点は日本市場特有だ。ただ、これらの品種は最初からポテトチップスに使用されていたわけではない。最初期のポテトチップス用品種であるワセシロの品種登録は1974年、トヨシロは1976年、きたひめは2001年。スノーデンは1991年にカルビーがアメリカから導入した。[*81] いずれも、ポテトチップス市場の草創期には存在していない品種だ。

ポテトチップス用の品種としては最も登録が早かったワセシロは、先述のあみ印北海道工場（小清水町）で生まれた。同工場はシューストリングポテトを製造していたが、1973年、根釧《こんせん》農業試験場とともに、のちにワセシロとして品種登録される「根育11号」を男爵いもなどと並べて栽培。すると「根育11号」は収量や揚げたときの色味などが男爵いもより勝っていることが判明したのである。

同工場を買収したカルビーはそれを引き継ぎ、ポテトチップスの原料としてワセシロを使用。ワセシロで作った「カルビーポテトチップス　うすしお味」がヒットしたことで、ワセシロは「ポテトチップスに適したジャガイモ」として名を轟かせることになった。[*82] すなわちカルビーの市場参入以前に、「ポテトチップス用のジャガイモ品種」という概念は存在しなかった。

２０２３年現在、ポテトチップスに最も使われているとされるトヨシロも、カルビーが採用したことによって「キング・オブ・ポテトチップス用ジャガイモ」に君臨した品種である。その採用の経緯に大きく関わっているのが、北海道農業試験場（現・北海道農業研究センター）に所属していた梅村芳樹《うめむらよしき》（１９３６－２００６）だ。農林省（現・農林水産省）を経て１９６１年に同試験場へと移ってきた梅村は、ジャガイモ品種改良の研究室に配属。彼が育成に関与したジャガイモのひとつがトヨシロだった。*83

元農水省の西尾敏彦は２００９年、「いも類振興情報 99号」への寄稿にこう記している。

「『トヨシロ』が世に出た当時のこと。ポテト産業最大手のC社の社長室に、リュックを担いだ男が乗り込んできた。『トヨシロ』の売り込みにきた梅村である」

この件についてカルビーに確認を取ったところ、「C社」はカルビーのことで間違いないそうだ。

「やおらリュックからいもを取り出し、この品種がいかに油加工適性にすぐれ、いかに多収であるかを力説した。『トヨシロ』は肉色が白く、目が浅く、剥皮《はくひ》歩留まりが高く、油加工による褐変《かっぺん》も少ない。チップス用に最適というのである」（同）

こうしてカルビーはトヨシロを採用し、日本のポテトチップス用のジャガイモとしてもっとも多く生産されることとなった。西尾は同誌で「現在、国産ポテトチップスが輸入ポテト（チップス）に席巻されないでいるのは『トヨシロ』があったおかげといわれる」（カッコ内は筆者追記）とまで綴っている。

飽食の時代に求められた「しょっぱさ」

ポテトチップスをおやつとしてお茶の間に持ち込んだ「湖池屋ポテトチップス　のり塩」発売（1962年）から、「カルビーポテトチップス　うすしお味」が軌道に乗って1970年代後半にスナック菓子のデファクト・スタンダードとなるまでには、20年もかかっていない。音四郎の「フラ印アメリカンポテトチップ」（1950年）から数えても30年弱だ。畑中三応子の「近代の日本ほど西洋料理を熱心に取り入れて食の仕組みを激変させた国は、世界中を探しても類を見ない[*84]」を思い出す。

それにしても、ポテトチップスという誰も食べたことがなかったお菓子がこれほどの短期間で日本に定着したのは、なぜだろうか。

それは、日本人の食生活が戦後豊かになっていくにつれ、「甘いもの」より「しょっぱいもの」を求めるようになったからではないか。

1964年に発売されたカルビー製菓の「かっぱえびせん」が小麦を使ったあられ「かっぱあられ」シリーズの一環であったことは既に述べたが、その前身たる小麦あられは水飴でコーティングされており、「かっぱあられ」シリーズの「鯛の浜焼きあられ」も蜜がけだった。甘い味付けだったのだ。

にもかかわらず、「かっぱえびせん」でフレーバーの方向性を塩味に180度転換した理由について、松尾雅彦は後年こう述べている。

「おなか一杯食べられない時代には、人々の嗜好は甘いものにいくのです。甘いものは、すぐにおなかが一杯になり、速くカロリーに変えられますからね。ところが、食べるものに不自由しなくなってきますと、逆に塩味を好むようになってくるようです」[*85]

感覚的にはとても理解できる。登山などで極限まで肉体が披露している際にはしょっぱいスナック菓子より、まず甘いものを食べたいと思う人のほうが多いだろう。

日本人の一人1日あたりの摂取カロリーを終戦直後から見ていくと、1960年代から伸び始めている。国民の食生活が急速に向上したのだ。

この時期に登場してヒットしたのが「かっぱえびせん」(64年)や「カール(チーズ味)」

（68年）だ。いずれも「甘いお菓子」ではなく「しょっぱいお菓子」である。

松尾によれば「七二年が、平均値で日本人が満腹になった年」だ。たしかに厚生労働省の統計を見ても、日本人の摂取カロリーは1971〜72年あたりでピークとなり、以降は減少していく。つまり日本は1972年以降「飽食の時代」に入ったのだ。

こうして国民に求められる菓子は「甘いもの」から「しょっぱいもの」へと移行した。

飽食の時代に入って6年後に刊行された業界誌「食品商業」1978年9月号には、「成型ポテトチップス　甘味ばなれのスナック食品として人気急上昇」という記事が出ている。キャンディ・チョコレートの販売が伸び悩む一方、「代わって甘くないスナック食品とよばれるポテトチップス（成型、生、ポテトスナック類）の伸びが目立っている」「食生活で甘すぎる果物のとりすぎとジュース、コーラ類の飲みすぎから甘味ばなれはさらに進む」とのことだ。

健康に気を遣うほどに国民の栄養状態は改善し、「食べすぎ」を戒《いまし》める気運すら生まれた。日本は1970年代後半、名実ともに先進国の仲間入りを果たしたのだ。

食うや食わずでカロリーを求めていた戦中戦後の飢えた時代とはうって変わった、飽食の時代ならではの「日本人の欲望」。それを見事に満たしたのがしょっぱいスナック菓子であり、その中でも特に使いみちを求められていたジャガイモの用途として見事にハマったのが、ポテトチップスだった。

松尾はまた「七二年までが不足の時代で供給者主権とすれば、以降は過剰の時代で消費者主権になった[*88]」と述べた。消費者主権、つまり消費者のワガママが多様なフレーバーやチップスの形状という形で叶えられるフェイズは、すぐそこまで迫っていた。これは第3章で詳述する。

ジャガイモと明暗を分けたサツマイモの運命

「甘いもの」から「しょっぱいもの」への嗜好変化に絡めて、少し違った観点からポテトチップスの原料であるジャガイモを眺めてみよう。ジャガイモと同じく戦時中の代用食でもあったサツマイモとの比較だ。

●ジャガイモの収穫量
1946年　176万トン
1955年　290万8000トン

1965年　405万6000トン【ピーク】
1970年　361万1000トン
1975年　326万1000トン
2020年　220万5000トン【ピーク時の54・4%】

●サツマイモの収穫量
1946年　551万5000トン
1955年　718万トン【ピーク】
1965年　495万5000トン
1970年　256万4000トン
1975年　141万8000トン
2020年　68万7600トン【ピーク時の9・6%】

出典：農林水産省統計部「野菜生産出荷統計」「作物統計」

ジャガイモもサツマイモも生産量は減らしているが、減退率がまるで違う。2020年のジャガイモ収穫量はピーク時の54・4%に留まっているが、サツマイモの収穫量はピーク時の9・6%だ。この背景には、ジャガイモ同様にデンプンとしての使用量が減少したことに加え、サツマイモを自給飼料として使っていた畜産農家が割安な輸入飼料に切り替えたことが影響している。

端的に言えば、これはポテトチップス用として大量に利用されるジャガイモと、その物量に匹敵するほどの用途が見いだされなかったサツマイモの差、ということになるが、この背景にはサツマイモがジャガイモより「甘い」という性質も影響しているのではないか。

ジャガイモの収穫量とサツマイモの収穫量の推移を見ると、ピークが10年ずれている。サツマイモは1955(昭和30)年、ジャガイモは1965(昭和40)年だ。収穫量が国民の需要と完全に連動しているわけではなく、また需要が収穫量(作付面積に比例)に反映されるにはタイムラグが生じるものの、日本人の求める味覚が「甘い→しょっぱい」に変化していくにつれて、サツマイモのほうが先に「お払い箱」になっていった、という見立てもまた可能ではないか。

サツマイモの収穫量がピークだった1955年頃の話を、筆者の父(1944年生まれ)

に聞いてみた。父は祖母（父の母親）とともに、愛知県の郊外にあった親戚の家に身を寄せていた（祖父は太平洋戦争で亡くなっていた）。

「当時は家の畑でサツマイモを作っており、ふかした芋がよくおやつに出た。一度にたくさんふかすので、食べきれない冷めたふかし芋はまずくなるが、これを薄く切って、1日か2日、天日で干し芋にしておく。白粉がふいていたような気がする。干し芋にすると一味ついて長持ちするので、小腹が減ったときには最適。これを〝切り干し〟と呼んでよく食べていた。昭和30年代は、子供にとってろくなおやつもなかったから、〝切り干し〟は重宝したものだ」

しかし2023年現在、干し芋は「高級おやつ」である。袋に少量入って200円、300円は当たり前。国産ポテトチップス1袋の2倍はする。国産サツマイモなら1袋600～700円するものもある。一般庶民が気軽に買える値段ではない。

そもそも現在のサツマイモは「高級路線」で売っている。人気品種がもてはやされてスイーツとして利用されることも多く、普通の焼き芋もまあ高い。1本400～500円も珍しくない。現在のサツマイモの単価はジャガイモに比べて数倍高いので、致し方ないことではあるが、それにしても高い。

「干し芋が高級」と聞いてもピンと来ない方がいるかもしれないが、かつて干し芋は（少なくとも筆者が愛知県内で小学生だった1980年代は）今ほど「高級おやつ」ではなかった。庶民的な商店で雑にビニール袋に入れて売られていた。

なぜ、干し芋はこんなにも高くなったのだろう？　その理由について、さつまいもカンパニー代表取締役の橋本亜友樹は大きく3点を挙げる。

まず、干し芋に使用されるサツマイモ単価の上昇だ。その上で、かつての干し芋は「タマユタカ」という品種を使っていたが、昨今は鮮やかな黄色で見た目にもおいしそうな「べにはるか」が主流。この「べにはるか」は「タマユタカ」に比べると収量が少なく、他の用途にも用いられるため、原料単価が高くなってしまう。

また、生産者が細々《ほそぼそ》と作っていた時代と違い、昨今は企業が製造するためにコストが乗っているという側面もある。たとえば製造プロセスの最終工程である芋の乾燥にしても、最近は自然乾燥ではなくほとんどが機械乾燥。そのための設備費や光熱費、衛生管理を徹底するための諸費用など、家内工業的に天日干しで作っていた時代にはかからなかったコストが発生する。一方で、どうしても機械化できない工程もあるため、人件費をゼロにするわけにはいかない。生産者が直接販売している干し芋が、大手メーカーがスーパーなどで販売する干し芋に比べてキロあたり単価が随分と安いのは、そういうわけだ。

さらに、昨今は干し芋の人気自体が上昇しており、供給量が需要量を下回るために価格が上がっている可能性も高いという。先崎千尋《まっさきちひろ》・著『ほしいも百年百話』（茨城新聞社、2010年）には1997年までの干し芋の価格が掲載されているが[*89]、それによれば、長らく米価と同じような価格を推移していた干し芋は、1984年頃に大きく価格上昇、90〜91年には下落したが、翌年には再び上昇している。

いずれにしろ、かつては、特にレアでも高級でもなかった庶民のおやつが、いつの間にか高級スイーツになったということだ。まるで鯨肉《げいにく》である。

代用食として、あるいはデンプンとしての価値が認められなくなりながらも、ポテトチップスという用途の発見によって生きながらえたジャガイモは、オートメーション化によるポテトチップスの量産化・廉価化により庶民のおやつとして瞬く間に定着していった。

一方のサツマイモは、干し芋や焼き芋、大学芋、スイートポテト、芋焼酎などの需要はあったものの、国民の味覚嗜好が変化（甘い→しょっぱい）したり、生産や加工の機械化が進まず、原料単価や製造原価の上昇が影響したりしたことで、ポテトチップスのように「大量消費される廉価なおやつ」の原料にはなれなかった。

戦時中の日本人の胃袋を支えたふたつのイモは、こうして大きく明暗を分けたのだ。ところでポテトチップスの廉価化と言えば、本章で述べたカルビーによる100円値付けだが、実は同社は後年、まったく別の目的でポテトチップスの価格を下げ、再び業界をかき回すことになる。その話は第5章にとっておこう。

肉じゃがとポテトチップスの並走感

さて、ポテトチップスと同じくジャガイモを使った食べ物で、歴史が浅いにもかかわらず「比較的短期間で国民食化した」「和洋折衷の極み」という点で似ているものがある。肉じゃがだ。

肉じゃがは、油で炒めた肉(牛肉、豚肉、鶏肉など)、ジャガイモ、玉ねぎ、糸こんにゃくなどを、醤油・砂糖・みりんで煮付けた料理である。

肉じゃが発祥のエピソードとして伝説レベルで流布しているのが、日露戦争で連合艦隊司令長官を務めた海軍大将・東郷平八郎《とうごうへいはちろう》(1847-1934)に関するものだ。

東郷は1871(明治4)年から1878(明治11)年まで、イギリスのポーツマスに官費で留学したが、そこで食べたビーフシチューにいたく感動したという。ただ、帰国後に艦上食として作らせようとしたものの、ワインもデミグラスソースも手に入らない。そこで料理長が醤油と砂糖で仕上げたものが、肉じゃがの原型というわけだ。

「望むものを得るために、ありあわせのもので再現する」。これは濱田音四郎や小池和夫がポテトチップス製造のための設備を手に入るものでなんとか間に合わせた話に、どこか通じるものがある。

この和製ビーフシチューの詳細なレシピは不明だが、もし現在の肉じゃがの一般的な作り方のように「油で炒めてから煮込む」であったとしたら、それはもともとの日本料理にはなかった調理法である。畑中三応子は『ファッションフード、あります。――はやりの食べ物クロニクル』で肉じゃがを「和風洋食の王道をいく料理だった」と位置づけるが、これは日本人好みの海苔で西洋由来のポテトチップスを味付けた湖池屋の「のり塩」を彷彿とさせる。

ただし、東郷平八郎の話は眉唾度が高い。というのも、この話は、1995年に京都府舞鶴市が町おこしを目的に、「司令長官として舞鶴に赴任した東郷平八郎が肉じゃがを作った」として宣伝したことで広まったからだ。[*90]

一方、「肉じゃが」という名称は使われていないものの、1928（昭和3）年に刊行された『軍隊調理法』には、牛肉、葱、馬鈴薯、人参を生姜・醤油・砂糖・ラード・山椒實（実）で味付ける「牛肉煮込」のレシピが掲載されている。[*91]

魚柄仁之助・著『国民食の履歴書――カレー、マヨネーズ、ソース、餃子、肉じゃが』によれば、一般的な料理本や雑誌などに「肉ジャガ」という表記が登場するのは、1950年に刊行された婦人雑誌「主婦と生活」1月号だ。しかも家庭用レシピとして載っていたのではなく、外食券食堂（外食券と引き換えに食事をする配給制の食堂）のメニューにあった、という記者のルポ記事内に確認できる。

同書によれば、もっとも古い肉じゃが料理のレシピは1964年、東京オリンピックの年に放送されたNHK『きょうの料理』のテキスト本だが、その後しばらくの間、料理本に肉じゃがという料理名は登場しなかった。料理本で一般的に使われだしたのは1975年頃のことだという。

また同書は、肉じゃがが1970年代に名称を含めて一般化した比較的新しい料理にもかかわらず、1980年代には早くも「おふくろの味」「故郷を思い出す懐かしい料理」といったイメージ込みで浸透していった理由として、興味深い説を提唱している。

魚柄曰く、敗戦後から1970年代くらいまでは、地方から都会に働きに出て都会の居酒屋を憩いの場としていた人も多かった。その居酒屋メニューの定番が、作り置きができ、細切りのくず肉と豆腐が同じくらいの大きさで小鉢につぎ分けやすい肉豆腐であり、この豆腐をジャガイモに変えたのが肉じゃがではなかったか——と。

日本各地にはそれぞれに、同書で言うところの「いも&にくの煮物」料理がある。サトイモと牛肉、サツマイモと豚、等、材料や味付けはさまざまだが、それら「各地の『いも&にくの煮物』の最大公約数的おふくろの味」として肉じゃががあったのではないか、と魚柄は推察する。田舎から出てきた労働者たちは、立ち寄った居酒屋で出される肉じゃがに各々の故郷にある「いも&にくの煮物」をダブらせ、それが「おふくろの味」「故郷を思い出す懐かしい料理」というイメージにつながった、というわけだ。

芋だけでなく肉も煮る、すなわち「芋だけでなく肉も調達できるようになった」というのは、戦後少しずつ豊かになってきた日本の状況も表している。その生活者たちの誇りが地域性と掛け合わされて生まれた料理が、「いも&にくの煮物」だ。

それゆえに、その「いも」を原料とするポテトチップスに、「にく」を原料とするパウダーをふりかけた商品が、戦後日本を牽引した焼け跡世代や団塊世代の、すなわち60年代から70年代の居酒屋で肉じゃがをつついていた若い働き手たちの〝子世代〟を心酔させたのは面白い。

「にく」のパウダー、すなわちコンソメである。

出汁《だし》文化と馴染んだ「コンソメパンチ」

「カルビーポテトチップス　コンソメパンチ」は、同社としては「うすしお味」「のりしお」に次ぐ3番めのフレーバーとして1978年に発売された。袋裏面の原材料表記には、ビーフコンソメパウダーやオニオンエキスパウダーの文字がある。肉じゃがの構成要素でもある「牛肉」と「玉ねぎ」だ。

「カルビーポテトチップス コンソメパンチ」（写真は1980年のパッケージ／写真提供：カルビー）

コンソメとブイヨンは混同されがちだが、コンソメとは牛肉や鶏肉や魚などから取った出汁《だし》（ブイヨン）に野菜を加えて煮立てた、フランス料理に由来する琥珀色のスープのこと。つまり「コンソメとブイヨン」の関係は「味噌汁と鰹出汁」と同じである。

「コンソメパンチ」の「パンチ」とは当時

の流行語「パンチがきいている（元気がいい、勢いがある）」が由来。同時期に勢いのあった若者向けのグラビア週刊誌「平凡パンチ」（1964年創刊、1988年休刊）もネーミングイメージにあったようだ。

コンソメ味のスナック菓子としては、明治製菓（現・明治）が1970年1月に発売したトウモロコシ原料の「ピックアップ」（当初は「コンソメの味」と「かるいしお味」の2種）が先行しているが、当時のポテトチップス市場について小池孝は、「塩はカルビー、のり塩は湖池屋という構図であり、湖池屋はほかにバーベキュー、カレー、ガーリックといった味も出していたが、市場全体として味のバリエーションはそれほど多くない時期だった」と振り返る。

そこに「コンソメパンチ」が登場し、またたく間に人気商品となった。

松尾雅彦はこのヒットを、カルビーにとって「第二の成長ロケットに火がついた」と位置づけた。[*92] 小池孝も、「コンソメパンチ」はカルビー最大のヒット商品であり、カルビーをさらに躍進させた、という見方で一致する。

小池孝が湖池屋に入社するのは「コンソメパンチ」発売から2年後の1980年。その時点でカルビーの会社規模は湖池屋の10倍にもなっていた。

「うちはようやく名古屋と大阪に営業所を出したくらいだったので、全国ネットワークがない。関東と東北を中心に売っていました。カルビーさんは創業の地が広島ですから、西日本はめっぽう強い。だから西日本では、湖池屋よりカルビーさんのほうがポテトチップスの老舗メーカーだと思われていた」（小池孝）

カルビー参入年に集計された１９７５年の国内ポテトチップス市場シェアは、湖池屋が27・６％で１位。[*93] しかし１９８４年にはカルビーが79・９％と圧倒的なシェアトップとなり、湖池屋はたった９・０％に激減している。[*94] それほどまでに、「うすしお味」（１９７５年）と「コンソメパンチ」（１９７８年）の〝二段ロケット〟は強力だった。

２０２３年現在の40代後半から50代で、「幼い頃にコンソメパンチを狂ったように食べた」「主食だった」と思い出深く語る人は少なくない。筆者もそのひとりだ。濃厚でクセになる味わい。食べ過ぎると胃にもたれるが（発売当時の内容量は90ｇ。現在は60ｇなので１・５倍）、食べ始めるとやめられない麻薬性。「コンソメパンチ」には同社の「うすしお味」や湖池屋の「のり塩」にはなかった、２０００年代以降の濃い味系トレンドにも通じるジャンクな魅力があった。

となると、俄然興味が湧くのは「コンソメパンチ」誕生の経緯である。

当のカルビーによる〝公式〟の説明は以下だ。「うすしお味・のりしおの発売後にさらなる成長をはかるべく、新たな製品ラインとして発売しました。フレーバーはどなたからも親しまれるカルビーならではの味わいを模索。ジャガイモのおいしさを引き立てる味わいとしてコンソメにたどり着きました。コンソメスープは、牛肉を主体にタマネギ・セロリ・スパイスを長時間煮た、コクのある味わいと透明な色合いで、どなたにでも好まれる味だったのです」

ただ、同業者界隈からはこんな推測も聞かれた。

「海外のスナックで肉系の一般的なフレーバーと言ったら、まずバーベキュー。じゃあ日本なら、となったとき浮上したのがコンソメだったのでは。コンソメは出汁、肉と野菜から取ったスープ。日本人の出汁文化と実に相性がいい」

この点については畑中も同意見だ。「コンソメスープって要はアミノ酸の味だから、出汁に慣れた日本人の舌には馴染み深い」

ちなみに、西洋料理でコンソメは定番だが、海外でコンソメ味のポテトチップスは一般的ではない。カルビーの御澤も海外では「見たことがない」そうで、ネット上には「アメリカではあまり見かけないフレーバー」というアメリカ人の証言も確認できる。肉系の方向性は「ビーフ」や「バーベキュー味」がカバーしているため、肉や野菜の出汁である「コンソメ（スープ）」をわざわざフレーバー化しないということか。

すなわち、ポテトチップスのフレーバーにコンソメを採用するのは、出汁文化の日本ならではの発想であり、コンソメがフランス発祥だとしても、「ポテトチップスのコンソメ味」は日本人の発明なのだ。

なお、現在の「コンソメパンチ」には「隠し味」として梅肉パウダーが入っている。これも湖池屋の「のり塩」と同じく和洋折衷・日本風アレンジの産物であり、日本人の味覚にフィットさせる工夫のひとつだ。

大阪万博と洋食への憧れ

「コンソメパンチ」はその登場時、世間からどのように受け止められていたのか。

まずコンソメ（スープ）という料理そのものは、明治時代から洋食店の定番メニューとして存在していた。戦後はお湯で溶いて作る固形タイプのコンソメが一般家庭にも普及する。

日本で初めての固形コンソメは、１９５２（昭和27）年に富士食品工業によって開発された。初代社長の松倉賢治が、終戦後にシンガポールで捕虜生活を送っている際に出されたコンソメスープのおいしさに感動し、帰国後に研究開発を重ねて作り上げたという。[*95] この「海外の食品を日本に帰国した個人が独力で商品化」の流れは、濱田音四郎のポテトチップスにそっくりだ。

このように、「コンソメ」は日本で長らく一定の知名度・認知度のある料理であり、フレーバーであった。

だがそれでも、「カルビーポテトチップス　コンソメパンチ」には新鮮味があった。

1958年生まれの畑中は、「当時の日本人は、ポテトチップスのフレーバーとして採用されたコンソメにすごく〝西洋〟を感じたんだと思う」と持論を述べる。「皆コンソメは知っていたけど、ほとんどの人は固形タイプのインスタント商品でしか味わったことがなかった。フランス料理である本物のコンソメスープは、高級ホテルや高級レストランでしか口にできなかったので。ほとんどの日本人は、コンソメ自体は知っているけどインスタントでしか知らない、という状態。身近なものだけど、憧れの存在だった」

「知名度は高いが、実はよく知らない」。これは、何かが流行るときの典型的な条件だ。ベストセラー本にしろ、ヒットする映画にしろ、そうである。

知名度がまったくないものは見向きもされない。かと言って、内容がよく知られているものは新鮮味がないので注目されない。同じように、1978年の日本国民にとって、コンソメは「身近だけど、本物を味わったことがない」という絶妙なポジションにある料理であり、フレーバーだった。それが畑中の言う「〝西洋〟を感じた」の本質だ。

当時の日本人が抱いていた「西洋食材への憧れ」には、数年来の伏線があるとみる。

そのひとつが、かつて国内のジャガイモ特需を招き、農林省がポテトチップス産業に着目する契機ともなった大阪万博だ。1970年に開催された大阪万博は、畑中に言わせれば「世界の味の博覧会」でもあった。

食堂と飲食品の売店の数は実に約300。「外国パビリオン内のレストランやスナックが三五。その多くが本国からコックを呼び、材料を現地から直送してお国自慢の料理を披露した」「これまで模倣の枠にとどまっていたアメリカ型食生活や西洋料理が一気に本物志向に向かい、流行の度合いを強めるきっかけになったことは間違いない」(『ファッションフード、あります。――はやりの食べ物クロニクル』、傍点は筆者)。畑中自身も同書中で、自身が食した「オーストラリア館の売店で買ったハンバーガーの驚異的なおいしさだけは、いまもはっきり覚えている」と述懐する。

同書によれば、当時の新聞や雑誌では万博グルメが大いに話題になったようで、ソ連館のピロシキやボルシチ、フランス館の高級コース料理、イタリア館の（ケチャップではなく）本格的なトマトソースを使ったスパゲッティやナポリ風ピッツァもインパクトを与えたという。[*96]

ただ、誰もが大阪万博に足を運べるわけでも、本格的な洋食を食べられるわけでもない。のちのコンソメと同様、「よく見聞きして知ってはいる。身近な話題にもなる。ただ、本物を食べたことがない」という飢餓感にも似た西洋料理への憧れは、多くの日本人の中でムクムクと肥大化していく。

実は大阪万博開催の前年、1969年というのは、飲食業において外国資本が自由化（第二次資本自由化が実施）された年だ。以降、外国の飲食チェーンがこぞって日本進出する。

ダンキンドーナツ（1970年）、ミスタードーナツ（1971年）、ケンタッキーフライドチキン（1970年）などは、すべてこの時期の開業。マクドナルド[*97]の第1号店も1971年に銀座三越の1階に開店している。これらを皮切りに、国内外のハンバーガーやドーナツを中心としたファストフードチェーンは1970年代に相次いで新規参入し、競うように店舗数を増やしてゆく。

これらファストフードチェーンは、レストランやホテルで食べる「西洋料理」よりずっと安く気軽に、「洋食」を食べられる施設だった。1970年代、多くの日本人は「安く食べられる洋食」に触れながら、いつか「本物の洋食」を食したいという憧れを持ち続けた。

1979年11月24日、読売新聞夕刊に掲載された「新発売　コンソメパンチ」の広告には、スープを掬《すく》うレードル（洋風おたま）で何枚ものチップスが軽やかに掬われている写真が使われている。「レストランで供される西洋料理」のイメージだ。キャッチコピーは「ほんもののポテトチップスに／ほんものの味もうひとつ。」。説明文は「（前略）ビーフコンソメとサワーで味をひきしめた飽きのこない本格的なチップスです。お客様のおもてなしにもどうぞ。大人っぽ〜く」

アートワークも文言も「本物感、高級感、大人向け」を意識したアプローチ。アダルトな内容の「平凡パンチ」を想起させる商品ネーミングも、そのイメージ作りに一役買っている。

つまり「コンソメパンチ」は、少なくとも登場2年目の広告戦略上は「子供のおやつのバリエーション」という打ち出しではなく、日本の一般大衆、すなわち大人たちが数年来肥大化させてきた「洋食憧れ」をくすぐる狙いもあったと推察できる。

団塊ジュニアの胃袋を満たす

日本マクドナルドは藤田田《ふじたでん》（1926－2004）がアメリカからフランチャイズ権を買って設立した会社だが、藤田は日本での開業時、「これまで何百年かけてもできなかった日本人の食生活を変えることが、数十年でできてしまうんだ。君は信じないかもしれないが、これからの日本人は子供の頃からハンバーガーを食べるのが当たり前になって、髪も欧米人のように金髪になるだろう」と言った。[*98] しかして、その通りになった。

同じように、子供の頃からポテトチップスを食べるのが当たり前になった世代がある。団塊ジュニアだ。

一般的な定義としては、団塊ジュニアは1971（昭和46）年から1974（昭和49）年に生まれた世代で、第二次ベビーブーム世代ともよばれる。日本の人口ピラミッドでは、彼らの親世代である団塊世代（1947～49年生まれ／第一次ベビーブーム世代）と並んで人数が多い。

団塊ジュニアが生を受けた時期は、松尾雅彦が言うところの「日本人が満腹になった年（1972年）」と完全に一致する。高度経済成長を経て国民全体が豊かになり、大阪万博を経て日本が名実ともに先進国の仲間入りを果たした。働けば働くほど収入は上がっていくので、将来には何の心配もない――。

人生が順風満帆で、経済的な見通しが明るく、自分が身を置いている社会の未来が素晴らしくなると確信できるとき、人は子供をたくさんつくる。そうして生まれた団塊ジュニアが子供時代を過ごした1980年代に、彼らの胃袋を満たすおやつとして、ポテトチップスは重宝された。

カルビーの御澤も、「1980年代から1990年くらいまでポテトチップスの売上は伸び盛りでしたが、その理由のひとつが人口構成」だと認識している。「子供の人口がもっとも増えていた時期で、彼らのおやつとして食べられたことが、売上を伸ばした最も大きな要因」（御澤）だった。

実はこの30年前に、アメリカでは同じことが起こっている。

1950年代末、アメリカにおけるポテトチップスの売上は年間5億ドルと伸び盛り。その伸びを支えたのがベビーブーマーだ。[*99] 第二次世界大戦後、大量に生を受けた彼ら――

日本で言うところの団塊世代――の子供時代のおやつとして、ポテトチップスはうってつけだった。アメリカと違って当時の日本には、まだおやつとしてのポテトチップスがなかったため、その子世代、つまり丸々一世代あと（30年後）に同じことが起こったわけである。

ただ1980年代、他に子供たちのおやつになる菓子はたくさんあった。なぜポテトチップスがこれほどまでに選ばれたのか。1980年代を通じて筆者（小学1年生→中学3年生）と姉（小学4年生→高校3年生）を育てた筆者の母（1947年生まれ）ほか、その世代の女性にヒアリングすると、ふたつの理由が見えてきた。

ひとつは、安い（100円）のに嵩《かさ》があったこと。食べざかりの子供たちも満足するので、学校から帰宅後に与えておけば夕飯までの間おとなしくなる。当時の内容量は現在より多いので、小学生の子供がひとりで食べ切るにはややトゥーマッチ。稲田家の場合、複数回に分けて食べるか、姉と分けて食べるかしていた。

もうひとつは、準備と片づけに手間がかからないこと。団塊ジュニアはとにかく人数が多い。小学校の教室はギュウギュウ詰め。筆者が通っていた愛知県の郊外の小学校は、1クラス40人近くで1学年が6クラスあった時期もある。全校生徒は1000人近くいた。

となると、家に呼ぶ友達の人数も必然的に多くなる。5人、6人を平気で呼び、6畳の子供部屋でおしくらまんじゅう状態でマンガを読んだり、プラモデルを触ったり、居間でファミコンに興じたりする。[*100]

専業主婦率が高かった時代だ。家にいる「お母さん」たちは、彼らにおやつをふるまう必要がある。とはいえケーキやシュークリームは量の割に高いので、毎回出していたら家計がもたない。リンゴやナシなどの果物は皮を剥いてカットするのが面倒だし、皿やフォークを洗う必要がある。生ゴミも増える。そもそもケーキやシュークリームや果物は日持ちしないため買い置きが難しく、子供たちの突然の来訪には対応できない。

その点、ポテトチップスは常に買い置きしておける。袋を開けて出すだけなので手間もかからない。器に出さず袋のまま食べさせれば食器も汚れない。

安価で腹持ちが良く、手間いらず。こうした理由から、団塊ジュニアのおやつとしてポテトチップスは最適だった（「ポテトチップスが体に悪い」論はまだそれほど顕在化していなかった。これは第4章で詳述する）。

ここで「主婦にとって手間がかからない」ことは非常に重要だ。

日本は高度経済成長期に入って以降、家事労働を軽減させる洗濯機・冷蔵庫・炊飯器、電気掃除機などが家庭に広く普及したが、依然として、主婦が家事に「手間」をかけることは美徳とされていた。

機械化によって余った時間が何に注がれていたか。『ファッションフード、あります。――はやりの食べ物クロニクル』によれば「副食づくり」すなわち、夕飯のバリエーションである。モーレツ社員たる大黒柱の夫を支えるべく、主婦たるもの「毎食ごとに違うおかずを手作りしないと『愛情不足』、『手抜き』と批判される」（同書）「昔の庶民はいま『おふくろの味』と呼ばれているたぐいの煮物を大量に作り置き、なくなるまで食べ続ければよかった」（同書）。しかしこの時代の主婦は、1970年代以降、ファストフードチェーンと同時期に普及したファミリーレストランが提供した外食文化を「家庭で再現する必要に迫られた」（同書）のだった。

主婦たちが受けるこのような負担をわずかながら軽減したのが、1970年代に激増したファストフードチェーンであり、1971年に発売された「カップヌードル」といったカップ麺だった。夕食にファストフードやインスタントラーメンというわけにはいかないが、半ドン（午後が休みの日。主に土曜日）で帰ってきた子供の昼食や小腹がすいたときの主婦の一時しのぎに、これらは大いに役立った。

時短できるものは時短する、手を抜けるものは抜く。家庭内でまだ発言力が低かった主婦たちの、せめてもの抵抗。ただし夕食は夫の目が光っているので、おいそれと「時短・手抜き」ができない。「子供のおやつ」はその意味でうってつけの、手間削減対象だった。ポテトチップスは当時の主婦のニーズにうまくハマったのだ。

日本のポテトチップスは団塊ジュニア（とその母親）の存在によって大きく躍進した。団塊ジュニアは80年代、90年代のトレンドや消費文化を牽引したことで知られているが、彼らはポテトチップス市場にも大きな影響力を行使し、「国民食化」の後押しをすることになる。

現在にまで連なる有力プレーヤーが市場に出揃い、高い品質の商品を安定的に供給できる体制が整ったポテトチップス業界。高度経済成長期を経て家族の形が変わり、海外の香りがする食生活は近づいたものの、まだまだ完全に我が物とはなっていない状況下、ふつふつと沸き立っていた日本人の欲望がポテトチップスの形を借りて百花繚乱と咲き乱れる時代が、すぐそこまで来ていた。

第３章

欲望と消費と経済成長と
――プラットフォーム化するポテチ

「ほしいものが、ほしいわ。」

「1972年を境に、国民に求められる菓子が甘いものからしょっぱいものに移行した」との謂《いい》については、こんな疑問を持たれるかもしれない。「しょっぱいお菓子なら、日本には昔から煎餅やおかきがあったではないか」

確かに、特に関東では草加煎餅のようなしょっぱい煎餅がよく食べられていた。ただ、ごく一般的な認識として、煎餅はポテトチップスと違って「スナック」ではない。ここが大事なところである。

国民の舌の志向が「甘いものからしょっぱいものに移行」する少し前に刊行された『'70食品マーケティング要覧　第1　スナック食品市場の展望』には、新しいマーケットとして確立されようとしていた「スナックフーズ」について、以下のような製品特質が挙げられている。

①高カロリー
②価格は一般的か低価格

③リズミカルな歯ざわりで口に残らない
④あわのように口中で消えるような又はスピーディに食べられる（アルファ化[*101]）
⑤甘味をおさえ塩味中心
⑥味、香りは高級品でバラエティがある
⑦ボリュームがある
⑧軽い

このうち③④⑧は、米菓である煎餅やおかきにはない、ポテトチップスをはじめとしたスナック菓子に特有の性質だ。また、③④は⑧の「軽い」に内包される特徴だとも言える。面白いのは、一見して相反する「⑦ボリュームがある」と「⑧軽い」が両立している点だ。これは、「それほど腹は減っていない状態でも食べられるほど口当たりが軽く、しかしそれでいて『ああ食べた』というボリューム感も得られる」と解釈できる。腹が減っていなくても食べられる穀物の加工食品、スナック。飽食の時代ならではのプロダクト。決して、不足しているカロリーを補うために食べるのではない。食べたいから、食べる。

後年、バブル経済真っ盛りの１９８８年の日本で、糸井重里が考案した西武百貨店のコピー「ほしいものが、ほしいわ。」を思い出す。〝必要〟だから買うのではない。〝欲しい〟から買う。

松尾雅彦の「七二年までが不足の時代で供給者主権とすれば、以降は過剰の時代で消費者主権になった」[*102]の言葉どおり、１９７２年を境に「飽食の時代」へと突入した日本。その3年後に投入された「カルビーポテトチップス　うすしお味」は、翌年のＴＶＣＭによってブレイクした。

１９７０年代の日本において、人々の「生活必需品ではないが、欲しい」を最も強く焚きつけたメディアはテレビだった。Ｐ.１２２でも先述したように、そこから発されるエンタテインメント性の高いＣＭ効果によって、ポテトチップスは着々と「国民食化」の階段を登っていく。70年代後半以降、ポテトチップスは「酒のつまみを前身とする新鮮味のあるおやつ」から、飽食の時代における「欲望の充足装置」としての色を強めていった。

その欲望を高い精度で叶えるのに必要不可欠なのが、フレーバーのバリエーション、つまり「味の種類」だ。

バリエーションが多ければ多いほど、多くの消費者の痒いところに手が届き、個別の満足度を上げられる。家族でハンバーガー店に行くより、ハンバーガー店もあるフードコートに行ったほうがいいのと同じ。子供たちは山盛りのポテトが食べたい。おじいちゃんはさっぱりした蕎麦を手繰《たぐ》りたい。お父さんはこってりラーメン、お母さんはパスタをご所望――フードコートなら全部叶えられる。

バリエーションの多さは飽きも防止する。毎週同じハンバーガー店に行くのは相当なハンバーガー好きに限られるが、毎週同じショッピングモールの同じフードコートなら行きやすい。都度、別のものを食べればいいからだ。

結果、より一層「それほど食べたくなくても、食べてしまう」状況を作ることができる。

そんな、フレーバーバリエーションが爆発的に増加する口火を切ったのが、カルビーの「コンソメパンチ」だった。

松尾雅彦は「コンソメパンチ」について、「この『味替わりのポテトチップ』の成功は、やがて各社の多様な味替わり商品の提案競争を生んだ[*103]」と振り返る。

日本の食文化にポテトチップスを根付かせた「一の矢」が「余り気味のジャガイモ」、「二の矢」が「飽食の時代に求められたしょっぱさ」であったならば、「三の矢」は間違いなく「フレーバーバリエーションの多様化」である。

その多様なフレーバーは、すべてジャガイモという同じ食材の上に載っている。ジャガイモがどんな味付けにも合うのは、本書序章でも述べた。ポテトチップスとは、ありとあらゆる食材や料理を、スライスして揚げたジャガイモという非常に汎用性の高いプラットフォームに載せている菓子である。さしずめチップスが「ＯＳ」、フレーバーは「アプリケーション」だ。

フレーバーバリエーションの多さはジャパニーズ・ポテトチップスの特徴と呼ぶべきものだが、これは日本人の国民性にも合っている。幕の内弁当やコンビニエンスストアが象徴するように、日本の消費者は「少しずつ全部入り」や「選択肢が多く用意されていること」をとても好む。それこそが「おもてなし」であり「大切にされている」ことを実感できるからだ。

しかも、それらのサービスは「安価」で提供されなければ許されない。

日本のプロダクト生産者たちは、それがたとえ信じられないほど安価なモノやサービスであっても、「消費者の嗜好を微に入り細を穿って把握し、完璧に叶える」ことに長年心血を注いできた。これぞ日本が誇るサービスの美点であり、かつての国際競争力の源泉であったのは確かだ。

一方、たった数百円のファストフードにすら最高の品質を求め、時給数百円のバイト店員にすら最高のホスピタリティを求める、悪しき「お客様は神様」気質が抜けない国民性もまた、この国の伝統だ。このことは時代が下った2010年代以降、「安価かつ高品質なサービスは、低賃金重労働という犠牲の上に成り立っている」「企業が適切な利益を得られず、デフレによって日本は〝安い国〟に成り下がった」と批判されることになるが、1980〜90年代にそんな空気は微塵もなかった。

驚異的な経済発展を背景とした、過保護気味な「おもてなし」の横行。ことポテトチップス市場において、その一番のお得意客だったのは、人口が多いことだけを理由に最重要顧客として企業から大切に扱われてきた団塊ジュニアだ。

1980〜90年代は、マス消費者たる団塊ジュニアの嗜好を「微に入り細を穿って把握し」「痒いところに手が届く」ポテトチップス商品が、1袋百数十円という安価で、彼らの成長に合わせて途切れなく提供された時期である。

多様性のファーストペンギン「カラムーチョ」

松尾雅彦が、「多様な味替わり商品[*104]」の例として挙げたのが、湖池屋が1984年に発

1984年発売当時の「カラムーチョ」（写真提供：湖池屋）

売した「カラムーチョ」だ。

「カラムーチョ」は本書の定義に従えばポテトチップスではなく、短冊型にカットしたポテトスナック（シューストリングポテト）ではあるが、ポテトチップス業界に与えた影響が非常に大きいため、あえて取り上げることにする。なお「カラムーチョ」は1986年にチップスタイプが発売された。

先述したように、カルビー参入年に集計された1975年の国内ポテトチップス市場シェアは、湖池屋が27・6％で1位。[*105] しかし9年後の1984年にはカルビーが79・9％と圧倒的なシェアトップとなり、湖池屋は9・0％と激減。[*106] 湖池屋としては、このまま同じ戦い方をしていてはいずれ淘汰されてしまう。

そんな折、アメリカへ視察旅行に行った湖池屋の社員が、エスニック料理のチリ味が現地で流行っているのを知り、ポテトチップスに生かせば売れるのではないかと考えた。[*107] そこで湖池屋の出した結論が「全部、カルビーの逆を行こう」だった。
「当時ポテトチップスのメインターゲットは女性と子供だったので、逆に大人の男性に食べてもらうべく、辛い味付けで行こうと決めました。売り場もお菓子売り場でなくておつまみ売り場。カットは薄切りスライスではなく、おつまみ感のあるスティックタイプ。値段も、150円でさえ高いと言われていた中で強気の200円。ただ、おつまみであるさきイカは300円くらいしていたので、それと比べれば別に高くない」(小池孝)
振り返れば、日本におけるジャガイモスナックたるポテトチップスは、もともと「酒のつまみ」として濱田音四郎が売り出した。それを「子供のおやつ」として広めたのが湖池屋だったが、その湖池屋が「酒のつまみ」に自ら回帰したのが「カラムーチョ」だった。
しかも、ジャガイモ原料ではあるものの、形状はチップスではなくスティック。
「要するに、あらゆる面でポテトチップスっぽく見せたくなかった。『ポテトチップスだけど、ポテトチップスじゃないもの』を作ろうと思ったんです。カルビーのポテトチップスと比較されないように」(小池孝)
商品名は、辛い＋ムーチョ(Mucho／スペイン語で「たくさん」の意)で「カラムーチョ」に決まる。

「メキシコ風の商品名にしようという話は早い段階から決まっていました。その後デザイナーがいろいろと候補を考えてくれた中で、一番飛び抜けたものを選んだんです。『チリ○○』みたいなもっと無難な候補もあったけど、どうせなら突き抜けようと。パッケージに書かれている『こんなに辛くてインカ帝国』というダジャレも、会議で盛り上がった勢いで決まりました。今の湖池屋がやっていることと一緒ですが、とにかく特徴を出さないと埋もれてしまうので」（小池孝）

ところが、いざ発売してみると、一番の取引先だったスーパーマーケットが取り扱ってくれない。理由は「お客さんからクレームが来るから」。辛いものはタブーの時代だった。

「辛いものを食べると頭が悪くなる、なんて平気で言われていた時代です。子供が食べたらどうするんだって。そもそも子供は狙っていない、おつまみ売り場で売りましょうと提案したけど、聞いてくれない」（小池孝）

数カ月間は全然売れない。仕方なく、当時店舗数を増やし始めていたコンビニエンスストアへ商談に行くと、取り扱ってくれた。

「コンビニは酒屋さんから転向した人が多かったので、『うちの店のお客さんだったら、こういうのが売れるかも』と。おつまみとして見てくれた」（小池孝）

これが見事にはまる。コンビニチェーンでの取り扱い1カ月目からお菓子ジャンルでトップの売り上げ。しかもその数カ月後には加工食品の中でもトップ。つまり、冷凍食品やレトルト食品やインスタントラーメンや缶詰などもあわせたカテゴリで、「カラムーチョ」が最も売れた商品となったのだ。

こうして湖池屋の年商は3年で倍増する。

「激辛」はコミュニケーションが捗《はかど》る

日本の食文化史において「カラムーチョ」は、1980年代激辛ブームの火付け役として、サンヨー食品のインスタントラーメン「オロチョン」、木村屋總本店《きむらやそうほんてん》の「辛口カレーパン」とともによく挙げられる。いずれも「カラムーチョ」と同じく1984年発売だ。

激辛ブームはなぜ起こったのか。

当時の辛口ブームを報じた朝日新聞夕刊「甘い時代は大辛が好き」（1985年12月10日）には、「日本酒では数年前から辛口化がいわれ、『戦乱の世には甘口が、平和な時代には辛口が』などといわれた」と書かれている。

また同記事は、食生活研究家・河野一世の分析として「（世の中が）一般的にうす味になってきて、塩分が抑えられているなかで、やはり、舌はピリッとしたものを欲しがる。塩味はダメとなると、あとは辛みということになるのは必然」（カッコ内は筆者追記）との言葉を載せている。「激辛」は、当時の消費者の抱く飽くなき欲望に見事、応《こた》えた。

畑中三応子は、激辛ブームの背景に1983年前後から大都市を中心に増え始めたエスニック・レストランがあるとみるが、マーケティングの見地からよく言われる「日本がストレス社会になってきたから刺激物が好まれるようになった」との言説に対しては「1980年代は景気も良かったし、言うほどストレスはなかった」と否定的だ。

激辛ブームには「伏線」があったとするのが、畑中説である。

「かつて日本で辛いものといったらカレーくらいしかなかったけれど、1960年代後半には『きょうの料理』に陳建民さんが登場して麻婆豆腐やエビチリが浸透しました。その後は喫茶店のピザトーストとともにタバスコが普及しましたよね。1980年代初頭には、神田の煎餅屋が赤唐辛子まみれの激辛煎餅を出して流行っていたりもします」

ピザトーストに欠かせないタバスコは1970年代、喫茶店やレストランに置かれることで日本に定着していった。その定着に大きく寄与したのが、1970年代に代理店契約を結んだアントントレーディング社、プロレスラーのアントニオ猪木（1943－2022）

が経営していた会社である。[*108]

「かつては淡白であっさり好みと言われていた日本人の味覚が、どんどん濃い味、極端な味、刺激的なものへと変わっていった」（畑中）。これは松尾雅彦が指摘した「甘いものからしょっぱいものに求める味がシフトした」飽食の時代の、いわば第2フェイズなのかもしれない。

再び、小池孝が「カラムーチョ」の販売を振り返る。

「それまで食品業界ではタブーだった〝激辛〟が売れているのを各社さんが見て、『ああ、辛いのも売れるんだ』と気づいた。『カラムーチョ』は本来ニッチを狙っていたけど、蓋を開けてみると全然ニッチじゃなかった。想像以上にマーケットが大きかった」

畑中は口コミ効果も激辛ブームを過熱させたとみる。

「こんなに辛いものを食べたよ！　というコミュニケーションが発生するじゃないですか。辛いものは、それ自体がコミュニケーションツールになる」

現在のSNSで、見た目や質感が映《ば》える料理写真ほどバズって拡散されることに通じるものがある。極論すれば「おいしいから食べる」のではない。「コミュニケーションが捗《はかど》るから食べる」。40年間変わらぬ日本人気質、と呼ぶべきか。

とにかく、「カラムーチョ」は日本人の味覚を確実に変えた。1984年に2300トンだった唐辛子の輸入量は翌年に倍増。[*109] 畑中はこのことを「日本の味覚史上、画期的な出来事」と捉える。

「『カラムーチョ』は辛いだけでなくものすごく複雑な味なので、各社は『辛いうえに、こんなにおいしくできるんだ』と驚いたと思う」（小池孝）。こうして各社は「カラムーチョ」にあやかるべく、辛口ポテトスナックをこぞって発売する。1986年1月13日の日経流通新聞「ポテトチップス――辛口・厚切りが主流に　大手参入で販売競争激化」によれば、カルビー「PO・チリ味」、カルビー「ルイジアナ・チリ味」、不二屋《ママ》フリトレー「ムーチョ・ムーチョ」、ヤマザキ・ナビスコ「カラミーゴ」、明治製菓（現・明治）「じゃが辛一番」などが発売された。当の湖池屋も「カラムーチョ」以外に「Ｍｅｒｉｃａ　ホットメキシカン」を発売している。

ところで、「カラムーチョ」がチリ味でありながら、当初から「日本的」なフレーバー設計であったことには言及しておきたい。

「メキシコ的なフレーバーでクミンなども入っていましたが、辛み以外の部分は日本的な〝うま味〟がベース」（小池孝）。「のり塩」の海苔や「コンソメパンチ」の梅肉パウダー、

「うすしお味」のこんぶエキスパウダー同様、日本人の舌に合ったものを作ったのだ。

コンビニの台頭と「わさビーフ」

「カラムーチョ」がブレイクしたきっかけは、コンビニエンスストアが「おつまみとして置いてくれたこと」だった。結果的におやつとしても大ブレイクを果たすわけだが、1980年代以降のポテトチップス多品種多展開時代は、まさにこのコンビニが支えたと言ってよい。

ただし、コンビニの店舗数増加をもってポテトチップスの流通「量」が増加したとは言い切れない。カルビーの御澤は、そこを明確に否定する。

「ポテトチップス売上増とコンビニチャネルの拡大に、そこまでの相関関係はありません。当時はやはりスーパーマーケットが強かったので。コンビニのことを言うなら、新製品サイクルへの影響です」

コンビニはスーパーほどの販売面積はないものの、新商品の回転サイクルが早い。頻繁に陳列棚の構成が替わるのだ。結果、客は目新しい商品を求め、特に買うものが決まっていなくても頻繁に来店することになる。「腹が減ってなくても食べてしまうスナック菓子」の性質と非常に親和性が高い。

また、チェーン本部による厳密なPOS（販売時点情報管理）によって、売れるものは残し、売れないものは即刻ご退場願うというビジネスライクな非情さも、メーカーの新製品開発競争に拍車をかけた。

そんなコンビニ棚を狙って1987年に発売されたのが、山芳製菓の「わさビーフ」だ。前出の同社・猪股忠によれば、「CVS（コンビニエンス　ストアの略）の台頭も著しくなってきました。そこでCVSに向けた商品開発に力を注ぎ、結果として『わさビーフ』の発売にこぎつけることができ」たという。*110

「わさビーフ」の袋裏に記載されている「わさビーフ誕生秘話」によると「当時の開発担当者は、アメリカで出会ったローストビーフに西洋わさび（ホースラディッシュ）を組み合わせた美味しさに感動」し、「その味わいを開発のヒント」にしたという。この西洋わさびを日本の本わさびに置き換えた。つまり「のり塩」以来の国内ポテトチップスメーカーの伝統芸でもある「強引な和食化」である。

当初「わさビーフ」は「アメリカンテイスト」という商品名だった。しかしまったく売れず、当時山芳製菓の売上の80～90％を占めていた生協のOEM商品として販売。それでも爆発的には売れない。そこで自社商品に切り替えて名前も変え、地道に販路を開拓したところブレイクした。[*111]

『E.T.』の10年後に登場した「ピザポテト」

「カラムーチョ」や「わさビーフ」と並び、現在に至るも根強いファンが多いロングセラーポテトチップスが、カルビーの「ピザポテト」（1992年発売）である。

ピザもポテトチップスと同じく、昭和の日本で急速に普及した食品だ。冷凍ピザ自体は日本でも1960年代から販売されていたが、店で食べるピザが広がったのは1973年の「シェーキーズ」日本上陸以降のこと。先述の喫茶店におけるピザトーストによっても「ピザ味」は日本全国に普及していく。

1992年発売当時の「ピザポテト」
(写真提供：カルビー)

ただし、これは「大人の世界」の話だ。

1980年代に子供だった団塊ジュニアの多くが、アメリカ人の食文化の中にある「ピザ」というものに最初に触れることになった映画がある。1982年に公開されて日本国内でも社会現象的に大ヒットした『E.T.』(監督:スティーヴン・スピルバーグ)だ。劇中で主人公のエリオット少年たちはテーブルトークRPGに興じ、子供たちだけで宅配ピザを注文する。

『E.T.』の配給収入は96億2000万円で1983年の国内年間配収第1位。[*112] 現在の興行収入に換算すると135億円程度。これは2023年2月現在の歴代興行収入の中では『アルマゲドン』(98)や『ハリー・ポッターとアズカバンの囚人』(04)と並ぶ第20位だが、1位から30位までの中に『E.T.』以前に公開された作品は1本もない。1980年代の作品も『E.T.』が唯一である。当時の一般映画料金が現在の1900円よりも安い1500円だったことも加味すると、「歴代20位」から受ける印象以上の大ヒット映画だったと言って差し支えない。

『E.T.』は初期スピルバーグの代表作にしてSFファンタジー映画の金字塔的名作だが、その一方、80年代初頭の日本の子供たちの間ではほとんど馴染みのなかったアメリカ大衆文化の豊かさ、カッコよさを、あますところなく紹介する作品でもあった。その代表的なものが、仮装する季節イベントとしてのハロウィーン、子供たちが自在に乗りこなす自転車「ＢＭＸ（バイシクルモトクロス）」、そして宅配ピザである。

子供たちはこれら〝超カッコいい〟アメリカ文化にたいそう魅了され、憧れた。なお、日本で初めて宅配ピザ店がオープンしたのは、「ドミノ・ピザ」恵比寿店の１９８５年なので、『Ｅ.Ｔ.』公開時点の日本に宅配ピザ文化は存在していなかった。

大事なのは、エリオットたちが住んでいるのが決して大都会ではなく、典型的な「郊外に造成された住宅地」であり、エリオットの家が「中流家庭」であるということだ。１９７１～74年生まれの団塊ジュニアは、１９８２年時点で劇中のエリオットの年齢（10歳）と奇しくも同世代。もしアメリカで生まれていれば、ことさら金持ちでなくとも「この生活文化」を享受することができる。

手が届きそうで届かないものに、人は最も強く心を惹かれる。

その10年後。20歳前後の若者へと成長した団塊ジュニアが頻繁に出入りするようになったコンビニのスナック菓子棚には「ピザポテト」（１９９２年発売）が並んでいた。１９９0年代前半は宅配ピザチェーンの国内店舗数、売上ともに鰻《うなぎ》登りの時期。少年時代から長らく刷り込まれた憧れと、当時トレンドの最先端であった宅配ピザが「スナック菓子で体験できる」という驚き。そう、「ピザポテト」最大の特徴は、単にピザの味がついていることではない。宅配ピザの疑似体験ができることだ。[*113] 学生の身分ゆえ気軽に宅配ピザなど頼めない彼らは、「ピザポテト」に思わず手を伸ばす。

宅配ピザっぽさを菓子で再現するのは、相当に高い技術だ。「ピザポテト」の開発に携わったカルビーの遠藤英三郎は2022年のインタビューで、「ピザの味だけなら、粉をふりかけるだけでも出せるんですが、チーズが溶けたような感じが重要だと考え、チーズのつぶつぶを残す製法にこだわりました。結果として、チーズがポテトチップスにまともにくっつかずかなり苦労をしました」と述懐している。[*114]

百数十円ぽっちの袋の中に、日本の食品加工技術の粋が詰まっている。思えば牛丼チェーンの定食にしろ、激安だった頃のファストフードのセットメニューにしろ、つくづく筆者も含む団塊ジュニアは「圧倒的に安く、圧倒的に高い品質のサービス」に若い頃から慣れ、というよりも甘やかされて育った。バブルが崩壊してもまだまだ経済的な斜陽とまではなっていなかった90年代の日本は、まだギリギリ「国は豊かで物価も安い」という天国のような状況だったのだ。

「ピザポテト」は発売後、またたく間に人気商品となる。

1993年3月26日の日経産業新聞「ポテトチップス　変わり種続々登場、『ピザポテト』人気」には、1993年2月期のポテトチップス商品別シェアが掲載されている。ソースは全国のスーパー67店舗のPOSデータ。それによれば、シェア1位は「カルビーポテトチップス　うすしお味」の13・0%、2位が「ピザポテト」の9・5%、3位は「カルビーポテトチップス　コンソメパンチ」の8・3%だ。新製品として大健闘しているばかりか、あの大人気商品「コンソメパンチ」を超えるとは凄まじい。

同記事では「ピザポテト」について、「従来の味に飽き足らない高校生など若者層から人気を集めているようだ」とあるが、データ集計月である1993年2月に、まさに高校3年生だったのが筆者だ。同年4月に大学に進学してひとり暮らしをはじめてからは、宅飲みでの酒のつまみとして「ピザポテト」を持参する友人が一定数いたことをよく覚えている。「ピザポテト」は間違いなく、大ヒット商品だった。

友人たちは往路の途中に立ち寄ったコンビニで、酒と一緒に「ピザポテト」を調達して筆者のアパートにやって来た。「カラムーチョ」や「わさビーフ」同様、ここでもコンビニが重要なタッチポイントとなっている。

コンビニ大躍進時代と団塊ジュニアの成長

ここで、国内のコンビニ店舗数推移に、ここまでの本章に登場した3商品の発売時期をマッピングしてみよう（次ページ参照）。

1990年代、上京して都会でひとり暮らしをする大学生は2023年現在に比べて多かった。人口として多かっただけでなく、全大学生に占める下宿生率も比較的高かった。ひとえに今より経済的に豊かな世帯が多く、親たちは子供たちに仕送りする余裕があったからだ。

そういったひとり暮らしの大学生がもっとも頼みにするのが、コンビニである。慣れない自炊などしなくとも、弁当からパンからインスタントラーメンまでなんでもある。次々と新商品が出るので食べ飽きることもない。酒もつまみもある。雑誌も立ち読みできる。不規則な生活、夜遅くまでのバイト、飲み会帰りにも優しい24時間営業だ。

1990年代、コンビニは大学生あるいはひとり暮らしの若い社会人にとって、なくてはならないライフラインになっていた。時代は少し遡るが、1980年代半ばに「カラムーチョ」初期の爆売れを支えたのも「コンビニを頻繁に利用する大学生だった」と小池孝

コンビニエンスストア店舗数推移

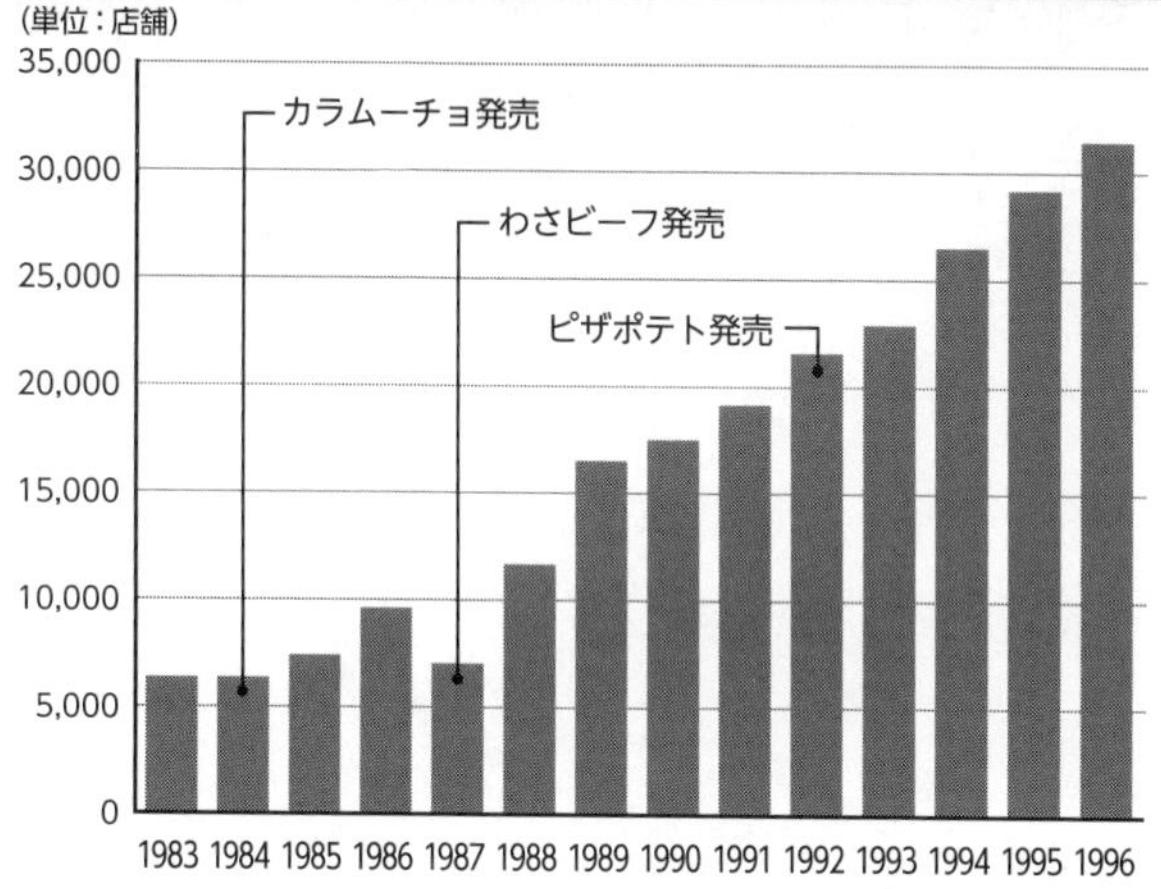

一般財団法人日本フランチャイズチェーン協会「業種業態別店舗数の推移」をもとに筆者作成

は証言している。

　コンビニが「ひとり暮らし仕様」であることは、ポテトチップスという商品にとっても大変重要だ。

　それまでお菓子というものは、「母親がスーパーで子供のために買う」ものだった。が、そこから数年が経過し、お菓子は「若者が自分のために買う」性質を強めていった。その立役者が、ひとり暮らしの若者の生活を一手に支えたコンビニである。

　ここで大事なのは、自分のために買う、あるいは自分だけが食べるのであれば、そのフレーバーが最大公約数的である必要はないということだ。おじいちゃんもおばあちゃんも、父も母も、小学生の妹も食べるなら、無難で万人受けするフレーバーが好ましいが、胃が丈夫で食欲旺盛で刺激を求める大学生が食べるなら、先鋭的で、極端な味つけであってもいい。若者が自分の味覚のわがままを通せるようになったのだ。

ここにきてまたひとつ、ポテトチップスは「欲望の充足装置」の性質を強めた。

1980年代後半からは、人口の多い団塊ジュニアの「おやつの個食化」が進んだ。それを示す記事が、「宣伝会議」1988年10月号に掲載されている。

同記事によれば、湖池屋の「スコーン」や「ポテトチップス　のり塩」のCMはその導入時期、若者向けに23時以降の深夜の時間帯や夕方などに厚く打っていた。[*115] 深夜や夕方にテレビを観てポテトチップスが欲しいと思うものの、自分のサイフで買わず、母親に買ってもらうのは、中学生もしくは高校生だろう。1988年時点の中高生、まさしく団塊ジュニアである。彼らはその数年後に大学生となり、その多くは自分のサイフでポテトチップスを買うようになる。

不精なひとり暮らしの若者の腹を満たす定番といえば、調理の必要がなくて手っ取り早く腹が満たせる、かつ「ながら食べ」ができるポテトチップスだ。

改めて、筆者の大学時代を思い出してみる。

漫画雑誌を読み（今よりずっと紙の漫画雑誌が売れていた）、夜中じゅうゲームに興じ（１９９０年代中頃はスーパーファミコンやプレイステーションの全盛期／日本のゲーム産業が最高潮だった時期）、レンタルビデオショップで借りた映画（当時はＶＨＳのビデオテープ）を観ながら、友人たちと共に、ポテトチップスをつまむ。

実は「ピザポテト」の開発者である遠藤は「ピザポテト」発売の翌年、１９９３年にもうひとつ、カルビーの超ロングセラー商品を開発している。「堅あげポテト」だ。

1993年発売当時の「堅あげポテト」
（写真提供：カルビー）

「堅あげポテト」はそれまでの一般的なポテトチップスと異なり、厚切りのジャガイモを釜で長時間にわたって揚げることで得られる堅い食感と、ジャガイモが小さく収縮したような形状が特徴のポテトチップスだ。実は連続式オートフライヤー登場以前における、アメリカのポテトチップス草創期のスタイルである。

遠藤は前出のインタビューで「それまでポテトチップスは中高生がメインターゲットだったんです。でも、日本の人口の動きを見ると、この層は少子化でどんどん減っていくことが十分に予想できる。それで大人向けのポテトチップスを作ろうと。そこで注目したのが堅あげのポテトチップスでした」[*116]と語っている。

ただ、「堅あげポテト」は販売の拡大に時間を要した。[*117]売上が伸び始めたのは2000年代に入ってからだ。

「2000年代」とは、団塊ジュニアの下限が20代半ばに到達する頃、すなわち学生ではなく社会人となり、名実ともに「大人」になった時期ということでもある。結果論ではあるが、遠藤の目論んだ「大人向けのポテトチップス」は狙い通りの消費者に届いたのだ。

さらなる欲望の充足　①ウェーブカット

1980年代の国内ポテトチップス市場は、さまざまな形状のポテトチップスが新発売された。これもまたフレーバーと並ぶ多様性であり、人々の微細な嗜好を満たすバリエーションであり、欲望を叶える充足装置としての懐の深さを示すものであろう。

前提知識として、ポテトチップスの形状（ジャガイモのカット方法）には大きく5つあることを押さえておきたい。[*118]

【①薄切り】は最も一般的なもの。パリッとした軽めの食感が特徴。

【②堅揚げ】はカルビーの「堅あげポテト」などで知られる、クシャッと小さく縮こまったような形状で、カリカリした食感が特徴。

【③Vカット】は表面に細かいギザギザが刻まれている厚めのカットで、ザクザクしたハードな食感。

【④波型】もVカットと同じく表面に凹凸のある形状だが、ゆるいウェーブ状のため、Vカットに比べると軽めのサクサクした食感が強まる。

【⑤厚切り&超厚切り】は近年存在感を増してきたもの。ジャガイモの風味を強く感じられるのが特徴で、湖池屋の「じゃがいも心地」やカルビーの「ポテトデラックス」などがそれに当たる。

このうち特に語るべきなのは③と④だ。まとめて「ウェーブカット」と呼ばれることもあるが、これらが生まれた背景にも、消費者の飽くなき「欲望」が介在している。

1950年代末のアメリカ。ポテトチップス市場が大きく伸び、その背景にベビーブームの子供たちがいたことは前述したが、その伸長にはもうひとつ理由があった。リプトン社によるポテトチップス用ディップの販売促進である。[*119]

日本では紅茶のブランドとしてよく知られているリプトン社は、アメリカでフリーズドライのスープの素を販売していたが、当時はフリーズドライ製品の別の用途を研究していた。

あるとき、研究員がサワークリームの素を偶然ポテトチップスにつけてしまった。しかし食べてみると、これが結構いける。そこで同社はスープの素をポテトチップス用のディップとして売るために大々的な販促キャンペーンを張ることにした。

結果、アメリカではポテトチップスにディップをつけて食べることが流行りだす。こうして味のバリエーションが広がったことで、ポテトチップスの消費もさらに伸び、かつ最初から味がついているポテトチップス――オニオンガーリックやバーベキュー味など――も続々と発売されることになった。

だが、ディップは粘度があって重いため、薄切りのポテトチップスにべったりつけるとチップスが割れてしまう。そこに目をつけたのが、合併してフリトー・レイ社となる前のフリトー社だった。
1958年、同社はギザギザの刃でジャガイモを厚めにカットすることで、ディップをつけても割れず、かつ波型の溝の部分にディップがうまく乗るポテトチップスを発売した。「ラッフルズ」と名付けられたそのチップスは大ヒット。「ディップをつけたうえで快適に食べたい！」という人々の欲望を、完璧な形で叶えたのである。

一方の日本、ウェーブカットでヒットした最初のポテトチップスは、1983年にカルビーが発売した「ルイジアナ」だ。ポテトチップスが食事の延長としても機能するアメリカと違って、単独おやつの性質が強い日本では、ディップをつける食べ方はあまり浸透しなかったが、形状の珍しさと厚切りにすることで生まれる食べごたえある食感によって、またたく間に人気商品となっていく。

「ルイジアナ プレーンソルト」（写真は1985年のパッケージ／写真提供：カルビー）

ウェーブカットは一時、ポテトチップスの人気ジャンルとなる。『'85 食品マーケティング要覧 no.5 スナック&菓子市場の徹底分析』では、「波型で少し厚切りのウエーブカット製品が現われてきており、パリッと食感がよく、カルビーのルイジアナを中心に伸びてきている」とリポート。また、1986年1月13日の日経流通新聞「ポテトチップス——辛口・厚切りが主流に　大手参入で販売競争激化」は、ウェーブカットタイプの好調要因として「厚切りにした方が味にコクが出る」からだと分析している。

さらなる欲望の充足　②成型ポテトチップス

形状の話題で成型ポテトチップスについて語らないわけにはいかない。序章でも説明したが、成型ポテトチップスとは、ジャガイモを一度フレーク状にしてからさまざまな形に固め直し、油で揚げるなどしたもの。本書ではこのうちスライスカットしたものをポテトチップスとして扱う。

しかし改めて考えてみると、成型ポテトチップスは実に奇妙な、回りくどい加工の手間がかかった食品だ。普通のポテトチップスが焼き魚なら、成型ポテトチップスは蒲鉾《かまぼこ》などの練り物、普通のポテトチップスが煮豆なら、成型ポテトチップスは豆腐といったところか。魚や豆はシンプルに焼く・煮るだけで十分おいしいのに、なぜ先人たちは、そんな面倒な工程を経た食べ方を思いついたのだろう？

成型ポテトチップスに関して言えば、これもウェーブカット同様、消費者のわがままな欲望を叶えるために考案された経緯がある。

世界初の成型ポテトチップスは、米P&G社が1968年に発売した「プリングルズ」だ。

P&G社は1950年代、社内に研究開発部を置いて新製品の開発に勤しんでいたが、研究員のひとりフレッド・バウアーが市場調査をして消費者の声を集めると、その中に「ポテトチップスは油っこくて袋の中で粉々になる。油っこくなくて砕けないポテトチップスがあれば嬉しい」というものがあった。[*120]

ジャガイモを薄く切って油で揚げたものがポテトチップスなのだから、油っこくて砕けやすいのは当たり前。「魚は魚臭いから嫌だ」と言っているようなもの。実にわがままで自分勝手で理不尽な要求である。

しかし、バウアーはこの声を無視しなかった。この酷いわがままを聞いてやろうと決意し、「油っこくないポテトチップス」「砕けないための包装」を10年近く(!)も研究したのだ。

その結果、チップスは容器の中で綺麗に積み重ねられるものが望ましい、つまりチップスの形を容器の形にピッタリ合わせるのがよいという結論に達する。

ただ、ジャガイモを普通にスライスするだけでは、工業製品のような画一的な形状のチップスを作ることはできない。そこで考え出されたのが、ジャガイモを一旦フレーク状にして、トウモロコシ粉や小麦粉や調味料などを混ぜ、シート状の生地にして同一の形に型抜きしたものを揚げることで、同一サイズのチップスを生成するという方法だった。

よくそんなことを考えついたものである。「魚の身をほぐしてすり潰し、調味料を加えて形を整え蒸す：蒲鉾」にも似た、あまりにも面倒臭い加工プロセスだ。

バウアーは1966年にテニスボールの缶に似た容器の特許を先に申請。そして1968年、ついに「プリングルズ」が発売される。なお「プリングルズ」とはP&Gの本社があるアメリカ・オハイオ州シンシナティにある同名の通り（Pringle Dr）の名前だ。

「プリングルズ」は発売直後から爆発的に売れ、1970年代半ばには米国外でも流通するようになるが、実は本書序章で言及した「成型ポテトチップスはポテトチップスか否か問題」は、本国アメリカとイギリスで大規模に取り沙汰された過去がある。

まずはアメリカ。P&G社は「プリングルズ」を新しいポテトチップスとして売り出したが、あまりの人気に嫉妬した他のポテトチップスメーカーがイチャモンをつけた。曰く「ポテトチップスは新鮮な薄切りジャガイモをスライスして作るべきで、水と小麦粉を混ぜたフレークをポテトチップスとは呼ばない」

これはメディアを巻き込んだ大論争となり、最終的にはＦＤＡ（Food and Drug Administration／アメリカ食品医薬品局）が１９７５年に沙汰を下す。「ポテトチップスと呼んでいいが、乾燥ポテトで作った（made from dried potatoes）という文字をラベルの横か下に表示すること」。今からすればそこまで騒ぎ立てるようなことでもないように思えるが、それほどまでにアメリカのポテトチップス産業が巨大、かつ「プリングルズ」が市場を塗り替えるほど爆発的に売れていたということだ。

一方、イギリスは２００８年から２００９年にかけての話。Ｐ＆Ｇ社はなんと、「プリングルズはポテトチップスではない」と、かつてのアメリカとは真逆の主張を展開した。というのも、イギリスでは「ポテトチップス等のスナック菓子類」は購入時に付加価値税がかかるが、生活必需品である「ビスケット類」は軽減税率の適用対象だったのだ。

そこでＰ＆Ｇは、「プリングルズはポテトチップスではなく、ビスケット類である」と言い張り、軽減税率を適用させるべく課税当局と裁判で争うことになった。第一審ではＰ＆Ｇの主張が認められたが、第二審では逆転敗訴。結果、「プリングルズ」はイギリスで課税対象となった。

「成型ポテトチップスはポテトチップスかどうか問題」は、ポテトチップス好きの暇つぶしトピックに留まらない、ビジネス上それなりに意味のある議論なのだ。

日本の第一次成型ポテトチップスブーム

ところで、日本で初めて販売された(本書で言うところの)成型ポテトチップスは「プリングルズ」ではない。ヤマザキナビスコ(現ヤマザキビスケット)が1976年1月に発売した「チップスター」だ。[*121]

この時期の日本は成型ポテトチップスの新発売ラッシュで、1977年にはヱスビー食品(現・エスビー食品)、ハウス食品工業(現・ハウス食品)、サントリーが参入。このうちサントリーはP&Gの「プリングルズ」を「プリングル」の名前で1977年10月から輸入販売している。[*122] 1979年にはヱスビー食品が「5/8(はちぶんのご)チップ」を発売。通常より小さい〈8分の5〉サイズの成型ポテトチップスが箱に入ったもので、スタイリッシュなデザインやCM効果もあいまってヒットした。

成型ポテトチップス商品が相次いで発売された理由について大谷号は、「消費者が求めたからというよりは、原料である輸入乾燥ジャガイモの使いみちとしてスナックを作るとなった際、白羽の矢が立ったのが成型ポテトチップスだったのでは」と推測する。

「食品商業」1978年9月号「成型ポテトチップス 甘味ばなれのスナック食品として人気急上昇」には、成型ポテトチップスの好調が報じられている。売上額は「(昭和)五一年度は八〇億円、五二年度は倍増の一六〇億円である。五三年度の推定ではおよそ二四〇億円」(カッコ内は筆者追記)と伸び盛り。そのリードメーカーであるヤマザキナビスコでは、「チップスター」の売上が、看板商品の「リッツ」を超えていた。

同記事が掲載された1978年と言えば、「カルビーポテトチップス うすしお味」が75年に大ブレイクを果たして以降、ポテトチップス市場全体が乗りに乗っていた時期だ。そんな時期に、密封容器ゆえに「品質劣化の懸念は少ない」(同記事)革命的な商品である成型ポテトチップスは、新世代のポテトチップスとして大いなる期待を寄せられていた。それゆえか、同記事は大胆にも「やがて成型ポテトは生ポテトチップ(筆者注:通常のポテトチップスのこと)の売り上げ高(昭五二年度三五〇億円)を抜くのは必至とみられている」と予測している。

だが、そうはいかなかった。

4年半後、1983年4月7日の日経産業新聞「湖池屋、西日本に挑む——成長株は立体スナック」。ここでは、通常のスライスチップが650億円市場に成長し、王者カルビーを筆頭に熱く盛り上がっている一方で、「成型ポテトのほうは需要が頭打ちとなり、各メーカーともさえない表情が続」いていると報じられている。記事によれば「五十三－五十四年（筆者注：1978－79年）ごろには三百億円を超す市場に成長したものの、その後じり貧で現在（筆者注：1983年）は二百億円ギリギリ」。当時のヤマザキナビスコ常務・今泉完は、「ファッション性が薄れてきた」ことを販売落ち込みの理由に挙げている。

要するに、飽きられたのだ。

「サワークリーム&オニオン」事始め

日本で次に成型ポテトチップスのビッグウェーブが来るのは、1994年。P&Gの日本法人による「プリングルズ」の本格上陸時である。[*123] 順番で言うと「ピザポテト」（92年）、「堅あげポテト」（93年）に続いての発売だった。

「プリングルズ」の宣伝は徹底的に「ポップなアメリカのスナック」イメージ押しだった。おしゃれなアメリカの若者男女が陽気に踊りながらチップスを食《は》むTVCMや、「開けたら最後。You can't stop.」のキャッチコピーを覚えている方も多いだろう。どちらかと言えば「子供のおやつとして主婦が買う」ものではなく、当時20代前半だった団塊ジュニアを中心とした若者をターゲットとした商品だった。

結論から言えば、「プリングルズ」は日本でヒットした。ただ、長らく「チップスター」が国内市場で一定の存在感を示していた手前、成型ポテトチップス自体の新鮮味はない。では、なぜ売れたのか？

「サワークリーム&オニオン」フレーバーの存在である。

2023年2月現在、サワークリーム&オニオン味のポテトチップスは、「プリングルズ」に限らず国内メーカーからも多種類が発売されており、フレーバーの中では定番に近い地位を獲得しつつあるが、そもそもは「プリングルズ」がその先鞭をつけたと言ってよい。

ただ、1994年当時のTVCMを確認すると、フレーバーラインナップの画面上での日本語表記は「オリジナル（Original）」「オニオン（Sour Cream & Onion）」「チーズ（Cheez Ums）」となっている。サワークリーム&オニオンではなく、オニオン。これは当時の日本で「サワークリーム」の知名度が低かったからだろう。畑中も言う。「当時、サワークリームなんて誰も知らなかった。『プリングルズ』で知った人も多かったはず。現在でも、日本人にとってのサワークリームはボルシチに乗ってるくらいのイメージしかないのでは?」

サワークリームは生クリームを乳酸菌で発酵させた乳製品で、欧米では昔から焼いたジャガイモにつけて食されていた。また、ドレッシングや焼き菓子の材料、クラッカーやポテトフライ(フレンチフライ)用のディップのベースとしてオニオンとともに使われていた。これが「サワークリーム&オニオンディップ」である。

つまりジャガイモ原料のポテトチップスにフレーバーとしてサワークリームを乗せるのは、彼《か》の国の人たちにとってはごく自然な発想なのである。先述したリプトン社の研究室で「サワークリームの素がポテトチップスについた」のも決して脈絡のない話ではない。日本で言うなら「醤油が冷奴にかかった」くらいの自然さだ。

しかし、いかんせん日本にそういった食文化はなかった。ウェーブカットのチップスもディップにはつけず、そのまま食べる消費者が大半だった。

日本に存在しなかった「サワークリーム&オニオン」という味は、「プリングルズ」によって持ち込まれ、「プリングルズ」以外の食品にまったく頼ることなく、多くの日本人にとっておなじみのフレーバーとして定番化したのだ。

日本における「サワークリーム&オニオン」は、かつての日本におけるコンソメのようなものかもしれない。「本物のコンソメスープは飲んだことがないけど、名前はよく知っているし、顆粒のインスタントとポテトチップスの調味料でだけは味わったことがある」と同様に、「サワークリーム&オニオンのディップを食べたことはないけど、サワークリーム&オニオンのポテトチップスだけは食べたことがある」というわけだ。

天下を取ったカルビー

ここまでの国内ポテトチップス史を、商品発売ベースで振り返ってみよう。

1950年　アメリカンポテトチップ社「フラ印アメリカンポテトチップ」発売
1962年　「湖池屋ポテトチップス　のり塩」発売
1967年　湖池屋、ポテトチップスの量産化
1975年　「カルビーポテトチップス　うすしお味」発売
1976年　ヤマザキナビスコ「チップスター」発売
1978年　「カルビーポテトチップス　コンソメパンチ」発売

1983年　カルビー「ルイジアナ」発売
1984年　湖池屋「カラムーチョ」発売
1986年　湖池屋「カラムーチョチップス」発売
1987年　山芳製菓「わさビーフ」発売
1992年　カルビー「ピザポテト」発売
1993年　カルビー「堅あげポテト」発売
1994年　P&G「プリングルズ」日本本格上陸

「うすしお味」と「コンソメパンチ」を大ヒットさせたカルビーは、80年代に怒涛の大進撃を続け、1983年時点では西日本のスライスチップのシェアがなんと100%近くにまで達した。[*124]

この時期は不二家とペプシコの合弁会社である不二家フリトレー、日本コカ・コーラなどもポテトチップス市場に参入していた。なお1985年時点で「生ポテトチップスの参入メーカーは約14社」で、1984年時点のシェアはカルビー79・9%（550億円）、湖池屋9・0%（62億円）、不二家フリトレー2・5%（17億円）[*125]。また、1986年1月の業界紙記事によれば、カルビー約80%、湖池屋7%、不二家フリトレーが約2%（業界推定）であった。[*126]

カルビーの強さとは、物流の強さ。その広範な生産拠点と販売網にあった。当時まだ関東中心の販売に留まっていた湖池屋との最大の違いがそこにある。ポテトチップスを生鮮食品と捉え、鮮度を徹底的に追求するためには、生産から販売までの時間ができるだけ短いほうがいい。そのために短縮できるのは輸送時のタイムロスである。特定地域だけでなく全国に生産工場を配置したのはそのためだ。[*127]

実際、鮮度が勝利の鍵だった。ポテトチップスブームに乗って参入したロッテ、北日本食品工業、日本コカ・コーラといった大手は80年代に相次いで撤退したが、1986年1月13日の日経流通新聞「ポテトチップス——辛口・厚切りが主流に　大手参入で販売競争激化」には、〝ある大手メーカー〟の声として、「原料のジャガ芋の品質管理や商品の鮮度維持に手間取ったのが最大の（撤退の）理由」とある（カッコ内は筆者追記）。

1983年、コスト高になってでもアルミ蒸着フィルムを業界で初めて導入したのもカルビーだった。カルビーほど商品の鮮度管理に力を注いだメーカーはない。

さて、ここまで日本のポテトチップス市場は、カルビーという圧倒的なリードメーカーの躍進により順風満帆だった。ところが、脅威は意外なところから顔を出す。「ポテトチップスは体に悪い」という世論である。

第4章

下流社会が求めた〝貧者のパン〟
——ジャンクフード化するポテチ

カウチポテト、宮﨑勤、『リバーズ・エッジ』

1988年1月27日の日本経済新聞「カウチポテト族急増、貸しビデオ店値下げ競争――『1泊』71円も登場」という記事は、80年代後半以降、急速に店舗数を拡大したレンタルビデオショップについて報じる内容だが、本文に「日本版〝カウチポテト族〟」という記述がある。

「カウチポテト」の同記事内における説明は「カウチ（寝いす）にもたれ、ポテトをかじりながらビデオを見るのが最高という、米国の都市生活者に流行の新ライフスタイル」。ポテトとはポテトチップスのことだが、たしかに当時の日本でカウチポテト族と言えば、このような意味で捉えている人が多かった。

だが、もともとの意味はそうではない。

アメリカで1982年頃に生まれたとされる「Couch Potato」は「カウチにジャガイモのように寝そべって、テレビの前から動かない怠惰さ」を表した言葉である。それが日本に伝わった際、なぜか「自宅でソファに寝そべり、ポテトチップスを食べながらレンタルしたビデオで映画を観る」ニュアンスへと微妙に変化した。

「寝そべって動かない塊状の野菜」なら、人参でも茄子でもいい。ではなぜ「ジャガイモのように」を怠惰の象徴としたのかと言えば、第1章で言及したように、英語圏ではPotatoがネガティブな意味合い——つまらない人、愚かな人——を含むからだ。19世紀まで遡れば「ジャガイモを食べる人々」という言い方はアイルランド人を指す差別用語だった。*128

しかし、日本でジャガイモという単語そのものに蔑視的なニュアンスはない。だからなのか、偶然なのか、カウチポテトを「ポテトチップスを食べながら」という意味に改変することで、別の蔑視的意味合いを付け加えることになった。「ポテトチップスを貪《むさぼ》り食いながら、不健康にビデオを観続ける怠惰な人」というわけだ。

1988〜89年時点で「カウチポテト族」は、都市生活者の新しき羨《うらや》むべきライフスタイルというよりは、孤独で不健康な若者の様態としてのニュアンスが強かった——と、当時中学生だった筆者は記憶している。

そんなバッドイメージが定着する決定打となったのが、1989年に日本社会を震撼させた東京・埼玉連続幼女誘拐殺人事件である。

同事件の犯人は、1988年から1989年にかけて4人の幼女を誘拐・殺害した宮崎勤《つとむ》（2008年に死刑執行）。宮崎が多数のアニメ、ホラー、ロリコン系のビデオ（VHSテープ）を自室に所持していたことがマスコミによって報じられたことで、「オタク＝気持ち悪い＝暗い部屋に閉じこもってビデオを大量に観るヤバい奴」というイメージは、「ビデオを観る」を接続詞に「カウチポテト族」とどこかで結びついてしまった。以降、「ひとり暗い自室にこもり、何かに没頭しながらポテトチップスをつまむ」は、「不健康」や「社会不適合者」を表すインスタントな常套句として、日本社会に広く流通していく。

　1993年から94年にかけて10代女性向けファッション誌「CUTiE」（宝島社）に連載された岡崎京子の漫画作品『リバーズ・エッジ』は、岡崎の代表作というだけでなく、若者たちが織りなす90年代の〝陰《かげ》〟の部分、その殺伐とした空気を巧みに活写した傑作として多くの批評家が絶賛したダーク青春劇だが、そこにも否定的記号としてのポテトチップスが登場する。

　主人公の女子高生ハルナの学校友達で、援交によって得た小遣いでブランド物の化粧品などを買い漁る、ルミという少女がいる。そのルミの姉・マコは、ルミとは対照的に非リア充で太ったオタクの腐女子。暗い自室にこもってボーイズラブ漫画を描いており、あらゆる面で正反対の妹・ルミにコンプレックスを抱き、憎んでもいる。ルミもまた姉・マコを徹底的に軽蔑している。

岡崎京子『リバーズ・エッジ』（宝島社／1994）P.101より

不摂生な生活を送り、社会不適合者の権化のような醜さをもって描かれるマコは、食パンを袋ごと机に置き、そこにいちごジャムをつけて汚らしく食べ、牛乳で作ったチョコレートドリンクを大量に飲み、ポテトチップスを朦朧《もうろう》と口に運ぶ。味わっているというより、無意識に袋へと手が伸び、自動的に口に入れているようにも見える。そういう「ダメな人間」を演出する小道具としてポテトチップスが使われているのだ。[*129]

その物語終盤、マコはルミから「欲求不満のブス!!」「ブタのくせにうるせーんだよ!!」「くだんね——

ホモ漫描くんじゃねぇよ!!」「早く男つくれ!!」などと罵倒されて逆上。カッターナイフでルミを切りつけてしまう。

これ以上ないほどの過激さをもって、ポテトチップスは悪者にされた。だが、これは単にイメージだけの悪化に留まらなかった。

実際にポテトチップスの売上が伸び悩んできたのだ。

大人も子供も「健康であらねばならない」

小池孝は「スナックが叩かれた時代があった」と述懐する。1990年代半ば頃のことだ。

「塩分やカロリーがいろいろと言われた時代でした。それまでスナック市場はすごく順調に伸びていたのが伸び悩んだ。うちだけでなくカルビーさんも良くなくて」

孝個人の所感としてだけでなく、湖池屋という会社としても同様の認識だ。「欧米のダイエットブームの影響もあり、痩せていることが善しという価値が広がった時期でした。炭酸飲料とスナック菓子は肥満を招くから敵であると」(同社)

たしかに、全日本菓子協会が公表している数字を確認すると、スナック菓子は1990

年代半ばから2000年代初頭にかけて小売金額も生産数量も概ね減少傾向にある。

1994年9月30日の朝日新聞「大人向け菓子　悩みはカロリー表示　買い控えが心配一方では問い合わせも」には、「ダイエット志向の強まりで、女性雑誌などに食品のカロリー情報特集が続き、消費者からメーカーへの問い合わせが多いことから、（パッケージ外装のカロリー）表示に踏み切ったメーカーがある。一方で『カロリーの高さがはっきりすると、買い控えが起こってしまうのではないか』と慎重なところもある」（カッコ内は筆者追記）とあるが、実際その心配は的中したわけだ。なお、カルビーは1985年に早くもカロリーと塩分をパッケージ外装に表記している。

1996年には、それまで「成人病」とされていた糖尿病、脳卒中、心臓病、高血圧、高脂血症などの呼び名が、厚生省（現・厚生労働省）の提唱によって「生活習慣病」に事実上変わった。加齢によって仕方なくかかる病気ではなく、普段の生活が自堕落だとかかる病気、「不摂生の報《むく》い」になったのだ。

このネーミング効果は絶大だった。「健康でない者は、自己管理もできないダメな人間である」という脅迫にも似た世間の空気は、当然ながら不健康の象徴たるポテトチップスにも矛先を向ける。

さらに、1997年には子供の数が高齢者の人口よりも少なくなり、日本が少子社会へと突入した。[*130] つまり子供のおやつとしてのポテトチップス需要が頭打ちになりはじめる。その分を大人が食べれば問題ないが、そうは問屋がおろさない。大人は子供と違って自ら「健康」を気にするからだ。しかも1997年といえば、団塊ジュニアの最若年層（74年生まれ）が大学を卒業して社会人になる、つまり「大人になった」年だ。

無論、間食のしすぎによる子供の肥満の問題はもっと以前から存在した。

栄養学者・小林正子の論文「子どもの肥満とやせに関する近年の動向とその背景」[*131]（1998年）によれば、「戦後の日本において、児童生徒の肥満が問題になり始めたのは昭和40年代に入ってから」。昭和40年代、つまり1965年以降である。理由は「急速な経済成長によって栄養状態も改善され」たから。それ以前の肥満は裕福な家庭の子供に限られていた。

その昭和40年代後半からは、先述の通り「飽食の時代」（1972年／昭和47年〜）が始まる。栄養不足から栄養過多へ。国が豊かになって食べ物が余り始めたわけだ。

小林は肥満が増加した原因として、昭和40年代が高カロリーのスナック菓子や飲み物が子供たちに好まれている状況だったことに加え、昭和50年代（1975年〜）にエアコンが普及したことも挙げている。日本には古来より夏バテによる食欲不振＝夏やせが存在したが、エアコンの普及で食欲が落ちず、むしろ夏太りが促進されたという。

　また小林は「ゲームソフトの影響で戸外の遊びが減少し、運動不足に陥りやすい」ことも、論文が書かれた1998年時点での「近年の動向」として挙げた。子供たちの間で一大ブームになったファミコン（ファミリーコンピュータ）が発売されたのは1983年、ファミコンブーム全盛期は1980年代後半、以降はスーパーファミコン（1990年発売）、プレイステーション（1994年発売）と、1980年代後半から1990年代にかけては、大人も含む日本人がもっとも「室内で据え置き型のコンピュータゲームに興じた」時期であると言っていい。

　やや余談だが、ゲームをしながらポテトチップスを食べる際、視線は画面に集中しているため、ポテトチップス自体に視線を向けることはあまりない。食事とは本来「視覚＋味覚」で味わうものだが、その片方が封印されてしまう。

　そうなると、残った「味覚」が強烈に刺激されなければ消費者の記憶には残らない。84年の「カラムーチョ」以降、刺激的なフレーバーが続々と発売され、後述する依存性の高い調味料をドカドカ使う流れが定着した背景に、「ゲームのながら食べ」もあったのではないか。

先述したカウチポテト族が流行り言葉となり、宮﨑勤的なインドアのオタクが世間から忌み嫌われ、ファミコンブームが頂点に達した1980年代末は、そのバッドイメージを問題視する「体をろくに動かさずスナック菓子を食べまくる子供たち、いかがなものか」的な論調の記事が新聞などで散見されはじめる。

1988年6月21日の朝日新聞・神奈川版「スナック菓子大好きの小中高生　民間テスト機関が調査　神奈川」という記事は、小中高生の4人に1人が週4回以上スナック菓子を食べており、カロリー過剰であることを危惧する内容だった。

1990年1月17日の朝日新聞・埼玉版は、「脂肪がいっぱい、ファストフードやスナック菓子　熊谷でテスト」として、「ポテトチップは100グラム食べれば人間が必要とする脂肪の1日当たり摂取量の半分に達してしまう」という県熊谷消費生活センターの調査結果を報じている。

こうして、小池孝の言う「スナックが叩かれた時代」が訪れる。ポテトチップスに対する強い風当たり。1997年、このままスナック菓子だけを売っていては社業が成り立たなくなると判断した湖池屋は、タブレット菓子「ピンキー」を発売する。清涼感があり、小さくて持ち運びができる。「かさばり、お腹にたまる」ポテトチップスとは対極にあるかのような菓子だ。

しかして、「ピンキー」は大ヒットする。

高カロリーが好ましかった時代

こうして見ると、ポテトチップスがことさら悪者視されはじめたのは、1980年代後半以降のことである。逆に言えば、少なくとも1980年代初頭時点で、そのような空気はあまり顕在化していなかった。

筆者の母によれば、1980年代前半、つまり小学校低学年の筆者におやつとしてポテトチップスを買っていた時期に、「ポテトチップスは不健康」と聞いた記憶はないそうだ。「後になって言われた『油や塩を摂りすぎる』といった不健康なイメージは、当時まったくなかった」という。

もちろん小学校の教室に肥満児はいたし、問題にもなってはいた。が、ポテトチップスだけにターゲットを絞った悪者論は、たしかに筆者自身も聞いたことがない。

むしろ当時の敵は糖分の権化たるコーラだ。母も「当時、コーラが健康に良くないとは

【写真Ａ】1962年発売当時の「湖池屋ポテトチップス　のり塩」

すごく言われていた。飲むと歯が溶ける、馬鹿になる……みたいな話はよく聞いた」という。80年代初頭はまだ「しょっぱいもの」より「甘いもの」のほうが、悪者度が高かった。少なくとも、愛知県の郊外住宅地においては。

むしろ１９８０年頃までのポテトチップスの打ち出しイメージは「高カロリー（だから好ましい）」だったと言うべきだろう。

たとえば、１９６２年に発売された湖池屋の「ポテトチップス　のり塩」のパッケージ【写真Ａ】を見ると、裏面には「湖池屋ポテトチップ１００ｇのカロリーは５４８カロリーもあります（筆者注：キロカロリー〈ｋｃａｌ〉の間違いだと思われる）」「玉子６ヶ分／牛乳４本分／チーズ１２０ｇ分／豚肉１２０ｇ分　に該当致します」とあり、明らかに高カロリーであることを誇っている。栄養不足をポテトチップスで補いましょうと言わんばかりの打ち出し。当時のポテトチップスは「栄養満点推し」だったのだ。

1981年10月26日の朝日新聞・東京版夕刊に載ったカルビーポテトチップスの広告。ここには、栄養学者で農学博士の川島四郎（1895－1986）の署名で、「馬鈴薯《ジャガイモ》は米に次ぐ有用食品」という見出しの短い寄稿が載っている。それによると、ジャガイモが短期間のうちに世界中に広まった理由について、「収穫量もたいへん多く、味もあっさりしていて飽きがきません。それにビタミンCも十分含んでいて、栄養的にも優れているので、パンをしのいで広く食用にされるようになりました」と説明されている。

あくまでカルビーの広告であり、ジャガイモの話であってポテトチップスの話ではないものの、ポテトチップスの原料たるジャガイモが「米に次ぐ有用食品」であり、カロリー過多の悪役ではなく栄養的に充実したものである、というイメージ売りをしているのは明白だ。それが当時の「ポテトチップス観」だった。

ただ、それから2年後、1983年の「湖池屋ポテトチップス　のり塩」のパッケージ【写真B】は少し様相が変わってくる。

パッケージ裏には「ビタミンEがたっぷり」でアルカリ性の繊維食品であることが記載

【写真B】1983年発売当時の「湖池屋ポテトチップス　のり塩」

されている。前者は米油を使用していること、後者はジャガイモが野菜であることのアピール。「栄養満点推し」というより「ヘルシー推し」だ。その数年後に「カロリー過多」とメディアで批判される前に先手を打った、とは考えすぎだろうか。

「ポテトチップスはジャンクフードではない」

Amazon.co.jpには『ポテトチップス栄養学』という本が登録されており、中古品の在庫があれば購入することができる。発行日は1985年4月1日。著者は、当時女子栄養大学教授だった小池五郎。他に栄養学の専門書なども出版している人物だ。

同書は、ポテトチップスを栄養学的な見地から文字通り「全面礼賛」する内容である。

本文からざっと拾うだけでもその一端がうかがえる。「（ポテトチップスは）栄養的にすぐれている」「コレステロールなどは全く含まれていません」（カッコ内は筆者追記）。子供に必要な栄養素が豊富であるという文脈では「『ポテトチップスと牛乳』の組み合わせのおやつは、『おやつ向き』のものとして横綱級」と絶賛。牛乳に浸したポテトチップスに果物を添えた「朝食」を大人向きの軽食にうってつけであるとし、ポテトチップス・ゆで卵・牛乳の組み合わせを「働く男子、あるいは働く女子の、『きわめて簡単な一食』」として提案する。

本の後半では、女子栄養大学助教授・高橋敦子による、ポテトチップスを使ったレシピが写真つきで掲載されている。ポテトチップスとフルーツにヨーグルトをかけたもの、グラタンのマカロニ部分をポテトチップスに置き換えた見た目の「ポテトチップスのピザ風」、貝柱とポテトチップスのサラダ、ポテトチップスを砕いてエビの衣にして揚げたもの、ポテトチップスのわさびあえ&酢みそあえ、など。ジャガイモではなく、あくまで「ポテトチップスという加工食品」がいかに万能かつ優良であるかが強調されている。

ただ、これには種明かしがある。本書は書店に流通する一般書籍ではないのだ。*[132]

『ポテトチップス栄養学』の奥付を見ると、発行は「はーべすたあ編集室」、住所は「カルビー株式会社内」と書かれている。あとがきによれば、本書の成立経緯はこうだ。もともとカルビーポテトチップスの袋には「ミニ栄養学」の知識が印刷されていたが、それをもっと豊かなものにしたいという相談を著者の小池がカルビーから受けた。そこで改めて小池がポテトチップスに含まれる栄養成分について調べてみると、「考えていた以上に秀れた食品であることを発見してビックリし」た。そこで小冊子を作ることを小池側からカルビーに提案したそうだ。

あとがきの書き出し「カルビーのポテトチップスが、松尾孝社長の識見と努力により年々生産量を増して」という持ち上げトーンや、同社広報部長や宣伝部員に対する名指しの謝辞からして、これは栄養学の教授が執筆した著作というより、事実上カルビーのPR本の性質が強い。

とはいえ、それをもって本書をカルビーのステマ本、あるいは世間の「ポテトチップス不健康論」に対するカウンターとして対症療法的にこしらえたプロパガンダ本とするのは、公平性を欠いた視点だ。

そもそも松尾孝はカルビーを「健康食品をつくる会社」として創業した。「カルビー」の社名がカルシウムの「カル」と、ビタミンB_1の「B《ビー》」を組み合わせたものであることは、よく知られている。

「ポテトチップスは体にいい」と聞いて違和感を抱く人は多いかもしれない。だが、かつてニューヨークの国際菓子博覧会でポテトチップスを目の当たりにして帰国した松尾が帰国後の調査で得た結論は、「ポテトチップスはビタミンCの含有量がレモンより多く、またアルカリ性食品でしかも自然そのままのもので、健康食品としては打ってつけの食品」[*133]というものだった。

カルビーは1975年のポテトチップス市場参入以降、一貫して「ポテトチップスは生鮮食品である」と言い続け、他のどのメーカーよりも「鮮度」維持に心を砕いてきた。ポテトチップス参入前の1973年には、日本のスナック菓子としては初めて袋に製造年月日を刻印して「鮮度」を確認できるようにしている。

松尾雅彦は2003年のインタビューで、成城石井や三浦屋のような高級食品を扱う店にカルビーの商品がない理由は「塩味で油で揚げたスナック菓子は、ジャンクフードだと思われているから」だと、はっきり言っている。[*134]「ポテトチップスは、決してジャンクではないんですが、そう思われているのは事実」「ジャンクフードだと思われているものを、『体にいい商品だ』といわれるようにしなければならない」（同）

その広報活動の一環に『ポテトチップス栄養学』があった。

時代は下る。2021年1月15日発行のジュニア向けコミック『文春まんが　読みとくシリーズ7　ポテトスナック　ここが知りたい！』には、1ページ目に「この本は、取材の対応、写真・資料の提供など、カルビー株式会社の協力でつくられました」と書かれている。本編冒頭、地球を訪れた宇宙人がポテトチップスを食べて気に入り、手元のデバイスで調べて言う。

「栄養価が高い！　塩分も油分も高くないし、食事にもなる！　ポテトチップス!?　これはすばらしいポ！」

本書の奥付には「協力・資料提供　カルビー株式会社」「発行・企画・制作　株式会社文藝春秋企画出版部」と記載されている。実は本書は非売品で、全国の学校図書室などに寄贈する目的でカルビーが文藝春秋に製作を依頼して作った出版物だ。これも広い意味での啓蒙、PR、広報活動である。

40年近くの間隔を空けて刊行された『ポテトチップス栄養学』と『ポテトスナック　ここが知りたい！』の両書に通底するのは、「ポテトチップスはジャンクフードではない。健康食品だ！」というカルビーの叫びだ。

ジャガイモの栄養は破壊されている？

カルビーほどの強さではないにしろ、ポテトチップスメーカーは長らく「ポテトチップスはそれほど不健康ではない」と主張してきた。その根拠のひとつが、「塩分が意外と少ない」だ。

たとえば「カルビーポテトチップス　うすしお味」の60g入り（一般的なスーパーで販売しているもの）の塩分は0・5g相当だが、6枚切り食パン1枚60gの塩分は0・8gある。[*135]「塩分が多いと言われるのは誤解」は、筆者が取材した複数のポテトチップスメーカーでよく聞いた言葉だ。

ポテトチップスが「健康食品」かどうかはさておき、原料であるジャガイモの栄養価が高いのは確かだ。ジャガイモはそれを主食とする国があることからも、腹にたまるエネルギー源として世界中で重宝されてきた。ビタミンCやカリウムが豊富であることも知られており、その点において「ヘルシーである」という謂《いい》も定番だ。

ただ、「ジャガイモがヘルシーである」という主張の正当性は「調理法による」という注釈付きである。

たしかに生ジャガイモは栄養豊富だが、皮を厚く剥くと各種ビタミンや食物繊維が減ってしまう。また、調理に使った水を捨てる（料理に含まれない）と、これまたビタミンが失われてしまう。

中でも大きいのが、「揚げる」というポテトチップス特有の調理法により、過剰に油を摂取してしまうという点だ。[*136] 以下は参考までに、60gのポテトチップスと、その原料である約250g分のジャガイモの栄養素を比べたものだが、ポテトチップスに加工したことでエネルギー（カロリー）と脂質が上がり、ビタミンCが減っている。

●エネルギー
生ジャガイモ：127・5kcal
ポテトチップス：324・6kcal

●脂質
生ジャガイモ：0・3g
ポテトチップス：21・1g

●ビタミンC
生ジャガイモ：70・0㎎
ポテトチップス：9・0㎎

※日本食品標準成分表2020年版（八訂）から計算、小数点第2位を四捨五入
※生ジャガイモは「塊茎、生」を指す

ポテトチップス害悪論を唱える『ポテチを異常に食べる人たち——ソフトドラッグ化する食品の真実』（WAVE出版、2010年）という書籍がある。著者は管理栄養士の幕内秀夫。ポテトチップスを過食する人の実例を挙げながら、ポテトチップスをはじめとしたスナック菓子を〝告発〟する内容だ。

同書では、栄養面の問題として、ポテトチップスに代表されるスナック菓子の脂質が平均して30％と非常に高いこと、イモ自体ではなく油でカロリーを摂っているのが実態である危険性が唱えられている。

また同書は、ポテトチップスを使った「ポテチピラフ」といった料理を推奨する管理栄養士や料理研究家たち（まさに『ポテトチップス栄養学』の小池五郎のような）を厳しく批判もしている。

ニューヨーク・タイムズの記者で、『フードトラップ――食品に仕掛けられた至福の罠』（本間徳子・訳／日経BP、2014年）を著したマイケル・モスは、ジャガイモのデンプンに由来するポテトチップスの「糖の多さ」を指摘。ハーバード公衆衛生大学院の疫学・栄養学准教授、エリック・リムによる以下のコメントも引いて警鐘を鳴らす。

「デンプンは非常に吸収されやすく、同量の砂糖より速く吸収されるくらいです。すると血糖値が急上昇します。これが肥満に関わってきます[*137]」

脳の報酬系を刺激する依存性

筆者（稲田）の立場としては、ポテトチップス自体が不健康なのではなく、食べすぎることが問題なのだと言っておきたい。酒やタバコやコーヒーといった嗜好品はもちろん、白米やパン、肉や魚にしたところで、食べすぎは体に毒だ。

その点について、幕内が『ポテチを異常に食べる人たち』でもっとも問題視しているのは、ポテトチップスの「つい食べすぎてしまう」性質、つまり依存性が高いことだ。

先のマイケル・モスによれば、肥満をもたらす代表格であるポテトチップスは、塩分のみならず油が〝快感〟をもたらすという。「ポテトチップは脂質が多い。脂質はカロリーの大部分を担うだけでなく、噛んだ瞬間に独特の口当たりをもたらす。手についた油分は一般にべたついて不快だが、口の中の脂肪分は驚異的な感覚をもたらし、脳は瞬時に快楽信号を発する*138」

『ポテチを異常に食べる人たち』には、あるテレビ番組で「ティッシュペーパーを揚げて少し塩をふったもの」を、そうとは言わずに出演者に食べてもらったところ好評だったというエピソードが紹介されている。油という高カロリーの脂肪さえあればなんでもおいしく感じてしまうことを検証した番組だが、幕内はスナック菓子も同じだとした。

油と並んで、否、油以上にポテトチップスの依存性に寄与しているのが、チップスに付着したさまざまなフレーバー、つまり調味料だ。

幕内は、ゆでたトウモロコシやふかしイモに「病みつき」にはならないのに、それらを原料としたスナック菓子に加工された途端、脳がとりこになってしまう理由を、調味料のせいだとする。幕内が「うまみカルテット」と呼ぶこの調味料とは、食用油、白砂糖、うま味調味料（アミノ酸）、食塩の4つ。ポイントは、これらがすべて自然由来のものではなく「精製」して作られたものであるという点だ。自然のものは食べすぎない。しかし人工的に精製したものは不自然な味覚だから、腹いっぱいでも食べてしまう――という理屈だ。

「ヘルスUP日経Goodday 30＋」の記事「スナック菓子、なぜやめられない『寸止めの味』とは」（2015年9月14日）によれば、ネズミに普通の餌を与えるとカロリーが足りたところで自然に食べるのをやめるが、濃縮された油や砂糖（うまみカルテットのうちの2つ）を与えるとカロリーが足りていても食べ続けて太ってしまうという。人工的に精製したものゆえに体が引き起こす〝バグ〟だ。

同記事中、龍谷大学農学部教授で食の嗜好研究センター長（当時）の伏木亨は、この点を「報酬系」という脳内回路で説明する。曰く、「脂肪や糖質は、動物が生きていくための大事なエネルギー源になる成分」であり、「その味を際立っておいしくてもっと欲しいと感じるのは、生きていくうえでとても貴重な能力」。それゆえ脳にはこれらを強烈に切望し、摂取すればするほど「もっと欲しい！」という感覚を作り出す脳内回路が出来上がった。

ところが、「人間は、味の快楽を追求するあまり、食材を濃縮・精製して食用油や砂糖を作り出しました。自然界には存在しないこれら高濃度・高純度の食品が、報酬系を激しく刺激したときに、〝やめられない味〟が生まれたと考えられます」(伏木)

人間が不自然に精製したものが、脳の報酬系を狂わせたわけだ。

「自然界に存在しない高純度の」などと聞くと、まるで違法薬物をイメージしてしまうが、実際『ポテチを異常に食べる人たち』では随所で、ポテトチップスあるいはスナック菓子をドラッグ扱いしている。同書には「アルコール依存症と同じ」「舌の上に置いただけで強烈な幸福感を得られるなんて、もはや『食品』ではありません。スナック菓子は、アルコールやタバコ、コーヒーといった『ドラッグ』と同類だと認識した方がいい」といった記述が並ぶ。

また、同書にはポテトチップスを夜中に爆食してしまう女性のコメントとして「おいしいというより、気持ちいい!」という恍惚状態も報告されているが、これもドラッグで「飛んでいる」描写に近い。

ポテトチップスがドラッグだとは言わないまでも、ドラッグ的な側面があることは認めよう。実際、筆者(稲田)が過去、ポテトチップスを異常なほどバカ食いしていたのは、会社員時代のうちもっともストレスを溜めていた時期だった。現在でも、深夜に突如ポテトチップスを食べたくなるのは、思うように仕事が進んでいない時である。

　あくまで個人の感覚だが、ポテトチップスの爆食は「塩分と糖化したデンプンと油を脳にぶち込んで気を済ませる」という側面があるように思う。袋を開け、チップスを夢中で口に放り込み、はっと気がつくと袋が空になっている。食べている途中の記憶はあまりない。完食後の気分は「ふう、落ち着いた」だ。

　『ポテチを異常に食べる人たち』の「ティッシュペーパーの天ぷら」のくだりで幕内は、「イモやトウモロコシが原料とはいえ、あのうすさです。サクッという歯触りに貢献しているくらいで、食材はないに等しい」「イモを食べているつもりでも、実態は、染み込んだ油や周りにくっついた調味料を食べているようなもの」と述べる。ポテトチップスの「気持ちよさ」の本体はジャガイモではなく、その周囲に付着した〝油〟と〝粉〟であるというわけだ。

　この主張、わからなくもない。ジャガイモの風味を完全に潰してフレーバーの味でねじ伏せるような一部の商品が、コンビニのポテトチップス棚には常時ラインナップされているからだ。それらが「土臭さ、野菜っぽさも含めたジャガイモ本来の風味を味わわせる」ことを目的にしていないのは、実食してみれば明らかだ。

「しょっぱい」と「甘い」のエンドレスループ

ポテトチップスは、それ単体で「しょっぱい」と「甘い」を時間差で両方とも味わえる菓子だという点は、指摘しておきたい。

ポテトチップスのフレーバーは、その多くがしょっぱい。つまり口に入れた最初の瞬間は舌で「しょっぱい」と感じる。それを咀嚼していくにつれ、今度はジャガイモから甘みが滲み出てくる。米を噛めば噛むほど甘みを感じるのと同じく、唾液でデンプンが麦芽糖に変化するからだ。つまり、徐々に「しょっぱい」より「甘い」が口の中で勝ってくる。その「しょっぱい」→「甘い」の味覚変化を経たうえで嚥下する。

「甘い」で終わった状態の口は、次に何を求めるか。「しょっぱい」だ。目の前には「頬張った瞬間にしょっぱさを感じるチップス」がある。だから手が出る。これが繰り返される。

ポテトチップスが「やめられない、とまらない」（これは「かっぱえびせん」のキャッチコピーだが）のは、「しょっぱい」→「甘い」で止めることができず、次の「しょっぱい」にどうしても行きたくなるからである。「しょっぱい」→「甘い」→「しょっぱい」→「甘い」が続く。気づけば胃もたれするほど食べている。こうなると空腹かどうかはもはや関係ない。胃が必要としているかどうかで食べているのではなく、口あるいは舌の「欲望」に従って食べている。

人間は単調な味の継続にすぐ飽きてしまう。だから食事においても、1種類の食材だけを大量に食べ続けることには難儀が伴う。

飽きを避けるには、複数の食材を使ったり、味の方向性が異なる複数のおかずを用意したりして交互に食べる必要がある。その点ポテトチップスは「甘いイモ＋しょっぱいフレーバー」という構造上、複数のおかずの役割を1枚のチップスでこなしているようなもの。だからたくさん食べられる。

2015年に米ミシガン大学が18歳から64歳の参加者を対象に調査した「食物依存症になりやすい食品ランキング」は、1位がピザ、2位がチョコレート、3位がポテトチップス、4位がクッキー、5位がアイスクリームだった。[*139] ピザは食事なので別枠として、菓子4品目中、一見してポテトチップスだけが唯一「甘い菓子」ではなく「しょっぱい菓子」に分類されそうだが、実は「しょっぱい＋甘い」のハイブリッド菓子だったわけだ。

伏木亨は前出記事で、スナック菓子は「味はむしろ控えめで、ちょっと物足りないぐらい」の味のほうが「やめられない」と述べた。「寸止めに抑える方が、飽きがこず、心地よさを長く持続させられる」

アメリカで1950年代に出現した塩以外のフレーバー、いわゆる「味付きポテトチップス」が爆発的な人気を博した理由も、「口の中で早くピークが来て、早く消えてなくなる、消費者がもっと食べたくなる味」をメーカーが徹底的に追求したからだった。[*140] 食べ続けさせるには、チップス1枚で消費者に「ああ、満足した」と思わせてはいけない。

何十話もある海外ドラマと同じだ。毎話毎話、続きが気になるよう、わざと中途半端な終わり方にして「引っ張る」。結論を次回以降に先送りにすることで、視聴を止められないようにする。作劇用語でいうところの「クリフハンガー」だ。なぜって？　1話で区切り良く完結させてしまったら、視聴者はとりあえず満足してしまい、次の回を見てくれないではないか。

何十話も観続けているのに一向に大団円を迎えない長大な海外ドラマを観ながら、我々は今日もまた、カウチに寝そべってポテトチップスをエンドレスでつまみ続ける。

ロハスという名の逆風

ポテトチップス不健康論の台頭と並行するように、1996年に「生活習慣病」が誕生した後の日本には健康志向が吹き荒れる。「スローライフ」「エコ」が21世紀の始まりと共にトレンド化すると、その次には「ロハス」が待っていた。

ロハス（LOHAS）とは「Lifestyles of Health And Sustainability」、健康で持続可能な生活様式のこと。「持続可能な」とは「環境にやさしい」とも言い換えられる。もともと1990年代後半にアメリカで生まれたマーケティング・コンセプトだ。日本においては、雑誌「ソトコト」2004年4月号でロハス特集が組まれて以降、高感度な生活者が実践する、否、「実践していること自体がクールである」というファッション性を帯び、一方でバズワードとして揶揄される向きもあった。

ロハスが生活様式だというからには、そこには当然「食」が含まれるが、ロハス実践者の食事の根幹にあるのが「スローフード」である。スローフードとは、日本スローフード協会のホームページによれば、「私たちの食とそれを取り巻くシステムをより良いものにするための世界的な草の根運動」であり「おいしく健康的で（GOOD）、環境に負荷を与えず（CLEAN）、生産者が正当に評価される（FAIR）食文化を目指す社会運動」のこと。食品添加物などは使わず、フェアトレードに配慮し、その土地ならではの農作物や郷土食を尊重する姿勢はここに含まれる。

当然ながらその思想は、安価に大量生産されるファストフードやジャンクフードとは相性が悪い。ポテトチップスも、ご多分に漏れない。

この時期、スローライフやスローフード的な「美しさ」をわかりやすく描いた映画作品が人気を博した。２００６年公開の『かもめ食堂』（監督：荻上直子）である。フィンランドの小さな日本食レストランを舞台に繰り広げられる、女性３人（小林聡美、片桐はいり、もたいまさこ）の物語。パリパリ海苔のふっくらおにぎりやシナモンロール、卵焼きや焼き塩鮭、じっくり時間をかけて淹れたコーヒーなど、素朴だがおいしそうな食べ物が多数登場し、疲れた女性に「癒やし」（ロハス同様、当時のバズワードだ）を与える和やかな物語が、ロハス的な生活に憧れる20～30代女性（当時）を魅了した。

「ヘルシー」と「ジャンク」の二極化

だが、光あるところに影あり。禁酒法の時代に酒の流通が止められなかったように、いつの時代、どんな場所でも大衆の欲望を完全に押さえつけることはできない。

日本における00年代の食トレンドは、「ヘルシー」と「ジャンク」の二極化が大いに進行した。

2003年、ポテトチップス好きにとって衝撃的な商品が発売される。「カルビーポテトチップス　コンソメWパンチ」だ。従来の「コンソメパンチ」からコンソメ風味を2倍にした、「濃い味」バージョンである。

単純だがコロンブスの卵だった。「皆が大好きなコンソメパンチの味を2倍に濃くしたら喜ばれるだろう」。まるで小学生のような発想だが、実際消費者は大喜びした。当時の筆者も貪るように食べた。会社の自席で1日に3袋完食した日もある。

真っ向から否定することが憚られる世の健康志向に対する、かなり直接的なカウンター。多くの消費者は心から快哉を叫んだ。「そうだ。俺たちはこういうのが食べたかったんだ！」ドンズバの消費者インサイト。そのカルビーは2006年、「ちょっぴり濃い目に仕上げたポテトチップス」を謳う「ポテリッチ」を発売する。

2007年1月にはマクドナルドが期間限定で「メガマック」を販売した。ビーフパティ4枚を使用し、1個で754キロカロリー。普通のハンバーガーの3倍ものカロリーがある代物だ。マクドナルド側は販売から4日間で168万食の販売数を見込んでいたが、蓋を開けてみれば約2倍の332万食も売れた。好評を受け、当初1カ月弱の予定だった販売期間を2カ月に延長。最終的に1150万食も売り上げた。[*141]

ギトギトスープと太麺の超大盛りで知られる「ラーメン二郎」がブログなどで話題になっていったのも、この時期である。「ラーメン二郎」は1968年に創業。1970年代に入ると慶應義塾大学三田キャンパス近くに移転、しばらくの間は知る人ぞ知る個人経営のラーメン店だったが、1990年代後半以降の暖簾分け展開によって徐々に店舗数を拡大。熱狂的なファンは「ジロリアン」と呼ばれて伝道師の役割を担った。これも明らかに、世の健康志向が盛り上がりを見せ始めてからのカウンターであった。

このように00年代の日本は、抑制的なヘルシー志向と欲望丸出しのジャンク志向が、それまでの時代よりずっと顕著な形で併存していた。

富める者のライフスタイル

「ヘルシー」と「ジャンク」二極化の背景には、一億総中流社会の崩壊があった。

2001年4月から2006年9月まで、3次にわたり小泉純一郎が率いた小泉内閣が推し進めた規制緩和は、いわゆる新自由主義的な性質を強く帯びていた。政府の介入は最小限にとどめ、自由競争に任せる。それに並行する形で、企業は成果主義を導入していった。

結果、実力のある者は富むが、ない者は容赦なく切り捨てられた。成功者としての起業家にスポットが当たる一方、フリーターも増加。国民の経済格差は広がっていった。「普通の会社で普通に働いていれば、普通に貯金ができ、普通に結婚して、困らない程度の豊かな生活を送ることができる」。かつての日本で言われていた「一億総中流社会」とは、そのようなものだった。死ぬほど頑張らずとも、突出しない代わりに大きく人から遅れることはない。しかし、00年代にそれは崩れた。

経済格差の拡大は、その時期の商品やサービスの二極化にも顕著に表れている。

たとえば、2003年には新宿・伊勢丹「男の新館」が「メンズ館」に改装されて高級路線へと舵を切り、六本木ヒルズ（2003年竣工）に併設する住居棟「六本木ヒルズレジデンス」に住まう「ヒルズ族」や「セレブ」が2005〜06年頃に「富める者」として大きな話題となった。トヨタが高級車「レクサス」を国内販売開始したのは2005年である。

一方で、2003年4月には「貧乏人のビール」こと発泡酒がビール類（ビール・発泡酒）市場シェアで月単位シェア過去最高（48・2%）を記録。翌5月の酒税法改正による増税を前にした駆け込み需要だったが、改正後は増税が適用されない「第三のビール」が庶民の喉を潤した。

このような二極化の構図と同じく、先述した「ロハス」「スローライフ」「スローフード」は基本的に、後述する「下流」と縁がない。これらは高所得者の価値観、「富める者」のライフスタイルだからだ。

馬車馬のように働く必要がなく、余暇時間をたっぷり確保できるのは、労働時間あたりの賃金が高い者だけ。ジムに通い、健康的で美しい体をキープすることができるのも、それなりの時間とカネを捻出できる者だけ。「持続可能」などという高潔な理念に従い、エシカル（倫理的）な生活が送れるのも、経済的にも精神的にも余裕がある、選ばれた人間だけである。

それは食生活にも大きく現れる。

食に時間とカネをかけられる者は、生態活動に必要なカロリーをてっとり早く得られるファストフードやジャンクフード、コンビニ弁当やカップラーメンに食事を頼らない。炭水化物は腹持ちがいいが、肥満の元なので摂取は極力抑え、高タンパク低脂肪の上質な肉など「コスパの悪い」食材を使い、時間をかけて調理する。1食事あたりのコストを大幅に上げてしまう、かつカロリー摂取目的という意味での費用対効果が悪い生野菜のサラダや新鮮なフルーツを積極的に摂る。端的に言って、スローな食事はファストな食事よりずっと「カネと時間がかかる」のだ。

「余裕がある者」と「余裕がない者」との格差がどんどん開いていった00年代、生活に余裕のある「富める者」が追い求めたのが、栄養バランス的にも倫理的にもファッション的にも〝勝ち組〟たるスローフードであり、生活に余裕のない「貧しき者」が致し方なく摂取したのが、てっとり早く胃を満たすことのできるファストフードでありジャンクフードだった。

しかも、ファストフードやジャンクフードの多くは非常に安価で手に入れられた。[*142] 00年代の日本が総じてデフレ下にあったからだ。デフレとは、物価が持続的に下落していく経済状況のこと。総務省統計局によれば、消費者物価指数を根拠とした平成のデフレは2001年から2012年までの時期とされている。[*143]

00年代の日本は、衣食住のうち少なくとも衣（ファストファッション）と食（ファストフード）に関しては、極限まで安く抑えることができた。

“下流”の団塊ジュニアに愛されたポテトチップス

一億総中流社会の崩壊と経済格差の拡大。その被害を真正面から受けたのが団塊ジュニアだ。

三浦展《みうらあつし》が2005年に著した『下流社会――新たな階層集団の出現』（光文社新書）は、成果主義の浸透によって所得格差が広がり、階級格差が固定化した状況を豊富な調査データによって検証した内容でベストセラーとなった。三浦は同書で、格差の下に追いやられた「下流化」が著しいのは団塊ジュニア世代（当時の30代前半）であると分析した。

下流の団塊ジュニアおよびポスト団塊ジュニアは、「ロスジェネ（ロストジェネレーション）」と呼ばれて社会問題化していた。就職氷河期ど真ん中世代の彼らは、当時20代から30代前半。正規雇用が叶わず辛酸を嘗めたり、同世代との熾烈な競争に敗北して不本意な働き方を余儀なくされたり、非情な超実力社会の中で勝ち上がれず低い収入に甘んじたりしていた。

そこに少しでも不平を漏らせば「自己責任論」という社会からの手痛い説教をお見舞い

される。後年の派遣村問題（2008年）の当事者もロスジェネだ。

三浦は同書で、ある人が「下流的」である条件として、年収の低さや働く意欲の少なさなどに加え「お菓子やファーストフードをよく食べる」「一日中家でテレビゲームやインターネットをして過ごすことがよくある」を挙げている。また、下流意識の強い男性ほど、「パソコン・インターネット、AV機器、テレビゲームなど、ややオタク・ひきこもり的な傾向が目立つ」という。

そのうえで三浦は、これらの属性とポテトチップスを結びつける。下流の団塊ジュニアを表す5つの「P」というキーワードとして、「パソコン」「ページャー（携帯電話）」「プレイステーション」「ペットボトル」、そして「ポテトチップス」を挙げたのだ。曰く「パソコンの前に座って、ペットボトルの飲料を飲み、ポテトチップスを食べながら、インターネットをしたり、ゲームをしたり、携帯でメールを打ったりしているという姿が浮かび上がってくる」（同書）。日本に「カウチポテト族」以降染み付いた、ポテトチップスの典型的な不健康イメージ「インドアに引きこもってポテトチップスを食べる」そのものだ。

さらに同書の食生活調査によれば、郊外に住む下流女性が普段からよく食べるものは、チョコレート、ハンバーガー、アイスクリームに次いでポテトチップスがランクイン。ポテトチップスは63・6％という高水準（調査対象の全体平均は37・1％）でよく食べられていた。

彼女たちが食べ物に求める条件は「ボリューム感」「後かたづけのしやすさ」が他クラスタよりも多めだという。腹もちが良く、袋を開けてすぐに食べることができ、乾き物なのでゴミ捨ても楽、というポテトチップスが人気なのも頷《うなず》ける。

格差社会で「下流」を余儀なくされた団塊ジュニアたちは「ハズレくじを引いた」と感じていた。自分たちよりたった数歳だけ年上のバブル世代は若い時分に浴びるほど蜜を吸えたのに、自分たちが社会人になる頃にそんな好景気は終焉。恩恵に与《あずか》ることができなかった。いくら働いても給料はさして上がらない。そのくせ激務。同期が多いのでなかなか昇進できない。ストレスはどんどん溜まってゆく。

ポテトチップスが一種のドラッグであるという先の論を引くまでもなく、これらのファスト&ジャンクフードの爆食いは、ある種の人たちにとってストレスの発散手段ともなる。00年代、「余裕がない20～30代の生活者」がストレスに苛《さいな》まれてポテトチップスを爆食いせざるをえなかった、という状況は十分に想像できる。*144

1980年代、幼少期のおやつとしてポテトチップス産業の拡大に大きく貢献した団塊ジュニアが、成人後の不遇に直面して今度はストレス解消のためにポテトチップスを貪り食うとは、実に皮肉だ。

かつてのヨーロッパで、ジャガイモは富める貴族に蔑まれる一方、最下層のアイルランド人労働者にとっては命をつなぐ貴重なカロリー源「貧者のパン」だった。現代日本版「貧者のパン」は、特盛り牛丼や超ラージサイズのハンバーガーであり、超ハイカロリーの爆盛りラーメンであり、濃い味かつ大量のポテトチップスだったのではあるまいか。

満たされている者はポテトチップスなど食べない。満たされていない者が近視眼的な欲望を充足させるためにポテトチップスを食《は》む。ここでもまた、ポテトチップスは大衆にとって、否、持たざる大衆にとっての「欲望の充足装置」であり、同時に「ストレスの解消装置」でもあった。

第５章

経済の低迷とダイバーシティ
——国民食化するポテチ

カルビーの「価格破壊」、ふたたび

１９８０年代から90年代にかけ、ポテトチップス市場でキング・オブ・キングの座を獲得したカルビー。しかしその王者ですら、１９９０年代後半以降の健康志向と少子化の影響から逃れることはできず、売上は伸び悩んだ。

カルビーに重くのしかかったのが、豊富な製造・物流拠点、つまり固定費である。そもそもカルビーがポテトチップスで天下を取った理由のひとつは、同社のロジスティクス、すなわち「鮮度へのこだわり」を実現すべく全国に配置した工場と物流拠点だった。しかし往時ほどポテトチップスが売れなくなっており、工場の稼働率が低いまま放置されていたのだ。

生産量が減ったのに設備の固定費はそのまま。当然ながら、会社全体の収益性は低下していく。シェアトップは他社に譲らなかったものの、２００９年時点でのカルビーの粗利率は35・1％。その点では湖池屋の粗利率42・4％に水をあけられていた。[*145]

そんな中、２００９年６月に同社代表取締役会長兼ＣＥＯに就任したのが、元ジョンソン・エンド・ジョンソン日本法人社長の松本晃《まつもとあきら》（１９４７－）である。

松本はこの状況に対し、少ない需要に合わせて工場や物流拠点を減らす……のではなく、むしろ工場稼働率を上げてポテトチップスを増産する体制をとった。

無論、ただ増産しただけでは需要は喚起されない。そこで行ったのが値下げ、すなわち卸価格（カルビーの出荷価格）を下げるという施策だった。

振り返れば、ポテトチップス業界で最後発のカルビーが1975年に行った施策も100円という思い切った安価設定、すなわち業界の空気を読まない「価格破壊」だったが、ここでも――まったく別の意味あいではあるが――価格破壊を行ったのだ。

「日経ビジネス」2010年7月26日号の「特集〝やりすぎ〟カルビーの変身――ペプシコの軒借りて世界へ」には、その前年、2009年から激化している値下げ競争について、ある卸流通事業会社担当者の言葉が掲載されている。「スーパーで通常60g入りで118円程度の売価だった『カルビーポテトチップス』が、98円や88円と、20～30円下げて売られている」

結論から言えば、カルビーの目論見は成功した。当時は2008年のリーマン・ショックを経て国内経済が低迷し、日本社会全体が「なるべく安いものを買う」空気になっていたことも成功を後押しした。ポテトチップスの需要が喚起され、同社の利益率も改善。最盛期に比べて落ち気味だったシェアも回復した。

一方、辛酸を嘗めたのが競合他社だ。本書執筆にあたり話を聞いた湖池屋の担当者は、この話題にさしかかった際、苦笑交じりにこう語った。

「もともとポテトチップスは利益構造的に儲かりません。限りある国内産のジャガイモで、どうやってこの1年間を回すか。ジャガイモは生きているから、採った後も根は延びる。良い状態で保管するには設備投資が欠かせないし、保管費用もかかる。その固定費は省略できないのです。にもかかわらず、どんどん安く売るという壊れた構図を作ったのが当時のカルビーさん」

多くの消費者は量が同じなら安いポテトチップスを買う。シェアトップのカルビーが安くすれば、当然、競合他社も追随せざるをえない。

「各社の価格競争が熾烈化し、80円以下の商品構成比が高くなっていきました。しかし販売数は横ばい。つまり売上金額自体は下がっていった」（湖池屋）

実際、2010年代は市場におけるポテトチップスの平均売価が下がる一方だった。文字通り「地獄のチキンレース」。先に諦めたほうが負け。

山芳製菓の猪股も2013年、「いも類振興情報　115号」への寄稿で苦言を呈している。

「最近、市場価格も考えられないほどの低下傾向で、短期的には可能であっても中長期で考えた場合に、この姿で本当に良いものか危惧しているところです。あまりの安売りは『おイモさんたち』にとってもあまり嬉しいことではないような気がしています」

疑問なのは、なぜチキンレースにおいてカルビーだけが勝者になれたかということだが、端的に言えば「体力があった」からだ。

「カルビーさんは大量生産・大量販売の構造が作られており、安売りしても利益が残るというスケールメリットがあるように思います。また、ポテトチップス以外の商品もしっかり売上があるので、ポテトチップスだけの利益に頼らなくていい。だけど私たちはポテトチップスが主流です」（湖池屋）

カルビーはポテトチップス以外に盤石の看板商品がある。1995年の発売以降ヒット商品となっていた「じゃがりこ」と、1991年に発売された朝食用シリアルの「フルグラ」だ。「じゃがりこ　サラダ」はカルビーの2021年度国内人気（売上）商品第1位、「フルグラ」は同2位であり、同3位の「カルビーポテトチップス　うすしお味」を上回る。[*146]

これは00年代を通じて、Ａｍａｚｏｎが利幅の薄いＤＶＤやゲームソフトを限界まで割引販売したことで、レコードショップやゲームショップといった小売店が軒並み苦境に立たされた状況に似ている。Ａｍａｚｏｎは他に利幅の大きい商材を山ほど扱っているので、ＤＶＤやゲームソフトで無理に儲ける必要はなかった。

カルビーには資本面での優位性もあった。松本が社長に就任した直後の２００９年７月、同社は米ペプシコと業務提携・資本提携を行い、当時ペプシコの１００％子会社だったジャパンフリトレーを子会社化する。

「（ペプシコの）大資本が入ってから、カルビーさんとは戦う土俵が全然変わってしまいました。ついていこうとしたけど、当時の気分としては『正直、つらい』という感じ」（湖池屋）

経済低迷下、余暇時間も趣味に使うカネもない国民に優しく寄り添うように、ポテトチップスの価格はどんどん下がっていった。結果的に、ここでもまたポテトチップスは、持たざる大衆の欲望を忠実に叶える存在となったのだ。

湖池屋、迷走からの原点回帰

この時期、老舗・湖池屋はどんな状況だったのか。

1997年に発売した「ピンキー」の好調は長くは続かず、高売上は4、5年をもって終息。2009年には創業者の小池和夫が逝去、そしてカルビーの安売り攻勢が市場を覆う。2010年代前半は試練の時期だった。

2012年、2013年には2期連続の赤字。「価格競争はお金と体力があれば続けられますが、なければ無理。でも、そのゲームには参戦せざるをえない。無理して参戦した結果、企業体力的にボロボロになりました」（湖池屋）

カルビーの背中を追うことに必死だった湖池屋は、苦肉の策で変化球を投げるに至る。以下は、2014年から16年にかけて発売した、飛び道具的なフレーバー群だ。

「ポテトチップス　みかん味」2014~15年
「ポテトチップス　バナナ味」2015年
「ポテトチップス　もも味」2015年

「ポテトチップス　苺のショートケーキ味」２０１５年
「ポテトチップス　トースト味」２０１６年
「ポテトチップス　牛乳味」２０１６年
「ポテトチップス　りんご味」２０１６年

良く言えばユニーク、悪く言えばキワモノ。迷走と呼んでもいい。ものによっては発売当初、瞬間的に話題になったものの、ヒットには程遠かった。

当時社長だった小池孝は、会社を根本的に変える必要があると感じていた。舵取りを任せられる人物はいないか？

人選には2年を要した。*147 そうして探し当てたのが、元キリンビバレッジ社長で、同社の商品企画部時代に缶コーヒー「ＦＩＲＥ」や「生茶」をヒットさせた佐藤章（１９５９－）である。

２０１６年9月、佐藤が湖池屋の新社長に就任。〝粗製濫造〟とも言える変化球的な商品開発をすぐさま中止させる。

２０１９年10月に放送された『カンブリア宮殿』（テレビ東京系）では、当時の佐藤がポテトチップスの新商品会議で珍奇なフレーバーが社員から次々と提案される様子に頭を抱え、「みんなカルビーのことばかり気にして湖池屋らしさを見失っている」と感じていたことが伝えられた。

佐藤が目指したのは創業の精神に立ち返ることだった。創業者である小池和夫の肉声が録音された音声を聴き、大事なところを書き出したという。[*148]

2016年10月には、2003年からフレンテホールディングスの子会社となっていた湖池屋、フレンテ・インターナショナル、アシストの3社を合併し、改めて「湖池屋」に商号変更。法人としては〝二代目湖池屋〟となった。

11月、カタカナだったロゴマークを、「湖」を六角で囲んだ和風のマークに変更。本社の玄関や受付に竹や坪庭をしつらえるなどした。老舗としての自覚と決意が現れているようだった。

湖池屋が社員配布用として2016年9月に制作した「ブランドブック」という小冊子がある。新生・湖池屋の心得集、あるいはマニフェスト集、言ってみれば生徒手帳のようなもの。そこには創業の原点に立ち戻る方向性、国産原料にこだわる姿勢をはじめ、スローガンなどが恭しく並んでいる。その「湖池屋品質」と題したビジョンの中に、気になる文句があった。

「自然の力を掘り起こす」カルビーとは異なる優位性を。

素材の旨さを調理で引きだす「料理人がいる湖池屋」を確立する。

わざわざライバル企業の名前を出してまで、「ライバルの背中は追わない」とはっきり宣言したのだ。

「プライドポテト」というカウンターパンチ

そんな老舗のプライドに賭け、2017年2月に湖池屋が発売したのが、「プライドポテト」である。商品名を最終的に決めたのは佐藤。素材や製法を徹底的にこだわり抜き、高級感を前面に出したポテトチップスだ。価格は一般的なポテトチップスの1・5倍。だが、チキンレースから離脱するにはそれしかない。
1・5倍——奇しくもカルビーが1袋100円で市場参入した際の湖池屋の1袋150円と同じ。1975年と2009年、2度にわたるカルビーの「価格破壊」に対し、湖池屋が満を持して放った時間差のカウンターパンチ。老舗のプライドがここに炸裂した。

製法上のこだわりは多岐にわたるが、その中でも最も特徴的なのが、2019年以降に採用された「3度揚げ」だ。なぜ3度も揚げるのか。

普通のポテトチップスは、スライスしたジャガイモを揚げる前に白いデンプン質をお湯で洗い流す。デンプンには糖分が含まれており、揚げた際に焦げやすくなるためだ。しかし「プライドポテト」は甘みやうまみをそのまま残したいので、洗い流さない。したがって普通に揚げれば、当然焦げる。

だが、3つの温度帯で揚げれば焦げない。まず高温でごく短時間。これによってチップスの周りをコーティングする。次に低温で中までじわーっと熱を入れる。最後に中温で揚げると、パリッとした食感に仕上がる。

序章で言及した筆者の第1回「ポテチ会」で参加者一同の度肝を抜いたのが、当時新発売だったこの「プライド

2017年発売当時の「プライドポテト 秘伝濃厚のり塩」
（写真提供：湖池屋）

ポテト」である。「味付けが割烹料理のように繊細で、素材（ジャガイモ）本来の味が生きている」として参加者の絶賛を集めた。

私見だが、当時のポテトチップス市場は湖池屋に限らず、各社とも飛び道具的なフレーバーを粗製濫造していたように思う。ご当地料理を安易にフレーバー化した完成度の低い期間限定ものや、奇抜さだけが特徴のものもあった。「濃い系」の潮流に一定の引きはあったが、ジャンクフード感が強すぎて手を出しづらい消費者も多かったと推察される。その中で、高級・本物志向の「プライドポテト」は注目された。

発売後の滑り出しは好調。話題性もあいまって初年度の売り上げは約40億円の大ヒットを記録する。その後は後述する2017年の通称「ポテチショック」でジャガイモの供給不足に悩まされたり、幾度にもわたるパッケージデザインの変更で迷走したりした時期もあったが、2023年現在は湖池屋を代表するブランドに成長・定着したと言っていいだろう。

経済低迷下のプレミアム路線

「プライドポテト」の販売価格を通常のポテトチップスより高めに設定したのは、下落するポテトチップス平均売価に歯止めをかけようとした湖池屋の狙いだが、それまでのポテトチップス市場に高価格帯市場がなかったわけではない。
たとえば、湖池屋が2014年2月に発売した「頑固あげポテト」は、釜揚げ製法による手揚げ風の職人感、上質感を前面に出した商品で、通常の「プライドポテト」ほどの高価格帯（販売価格150円前後）とまではいかないが、中価格帯（同125円前後）という設定。発売4カ月で1000万袋以上を売り、事前に立てた売上計画比160％を達成した。[*149]
2015年から販売が開始された「湖池屋　工場直送便　ポテトチップス」は「生産から三日以内に出荷」を謳い、完全受注生産・オンラインのみで販売される商品。「うすしお味」と「のり塩」2種類があり、1箱6袋入り（発売当初は1袋100g、2023年2月現在は1袋80g）で1480円（2023年2月現在）と、送料を入れれば通常のポテトチップスの2倍を超えているが、発売以来、売上は好調だ。
不思議に思う方もいるかもしれない。希少種のイモを使っているわけではなく、ただ「できたて」であることのみが付加価値なのに、2倍ものカネを払う消費者がそんなにいるのかと。そもそも、「ポテトチップスができたてかどうかなど、気にしたこともない」という人がほとんどだろう。

だが、ジャガイモが野菜であり、かつ時間の経過によって油の酸化が進むというポテトチップスの性質上、理論上は「できたて」が一番おいしい。筆者は以前、あるポテトチップス工場の取材で、たった今揚げられたばかりで塩がふられる前のポテトチップスを試食させてもらったことがあるが、店頭販売品とは段違いの「鮮度」だった。

「届いてすぐ袋を開けると、揚げたての香りがする。そのことにお客さんは倍以上の値段を払うし、今はそういう時代になってきた」（湖池屋）

小池孝によれば「揚げたての感じ」は1週間ちょっとしかもたないという。

異なるアプローチではあるが、カルビーにも高価格帯戦略はある。2014年4月から、同社が阪急阪神百貨店と共同開発した高級ポテトチップス「グランカルビー」（2023年2月現在は480円〜）を、同百貨店うめだ本店のみで扱いをスタートしたのだ。デパ地下販売、箱入りの洗練された外観は、明らかに大人の手土産を意識していた。

「グランカルビー」は発売後、上々の売上を記録。2015年には好調を受けて同百貨店がネット通販もスタート。[*150] ラインナップを増やして2023年現在も販売を続けている。

またカルビーは、東京駅地下や新千歳空港内、東名高速道路の海老名サービスエリアなど全国に11店舗あるアンテナショップ「カルビープラス」で、お土産仕様の箱入りポテトスナックなどを複数販売している。これもまた、高価格帯戦略のひとつだ。

「工場直送便」にしろ「グランカルビー」にしろ、経済低迷下においてもそのプレミアム感に一定の需要はあった。否、経済が低迷しているからこそ、通常よりたかだか数百円程度上乗せするだけで「リッチな気分」が味わえる菓子に、高いコスパが見出されたとも言える。外食や衣服でリッチな気分を味わうことに比べれば、プラスオン出費の桁が1つも2つも少なくて済む。プチ贅沢の極みだ。

ところで、「販促会議」2015年9月号「『今しかない・ここしかない』カルビーに衝撃を与えた百貨店の常識」の記事によれば、当時の「グランカルビー」のターゲットは「40歳代前半の、いわゆる『団塊ジュニア世代』と、その母親層60～70代」（カルビーの担当者）だった。

新しいポテトチップス需要の鍵は、いつも団塊ジュニアが担う。

クオリティ主義と今金男《いまかね》しゃく

2015年に初代が発売、2018年9月にパッケージをリニューアルして新発売された湖池屋の「PURE POTATO じゃがいも心地」も、筆者の湖池屋取材（2020

2015年発売当時の「じゃがいも心地 こく旨塩味」（写真提供：湖池屋）

年実施）によれば、メインの客層は30代後半から40代の女性[*151]、すなわち団塊ジュニアやポスト団塊ジュニアだった。

「じゃがいも心地」の特徴は、同社ホームページによれば「吟味した生のじゃがいもを贅沢な厚さにスライスして香り豊かに揚げました。じゃがいも本来の濃い味わいとほくほく感をお楽しみください」。実は２０２３年2月現在、筆者がもっとも愛好・常食しているポテトチップスだが、その一番の評価ポイントは「フレーバーではなく、ジャガイモを食べている」ことを実感できる点にある。

「じゃがいも心地」の内容量は50g台（フレーバーによって多少異なる）である。80g程度の内容量が主流のコンビニ仕様ポテトチップスの中ではその「小ささ」が際立つが[*152]、むしろそれが、「良いものを少量食べる」イメージにも寄与している。

リニューアル後の「じゃがいも心地」は国産ナチュラル系ポテトチップスの嚆矢《こうし》として、ブランド定着に成功した。これが成功だったことは、カルビーが類似コンセプトの「ザ・

ポテト」を２０１９年10月に発売して〝追随〟したことが、なにより証明している。
「ジャガイモ本来の〝素材の味〟を活かす」「過剰な味付けをしない」ナチュラル系の流れは、２０２３年現在も脈々と続いている。「少量・上質」という意味ではこの「じゃがいも心地」も、「プライドポテト」が活路を見出したクオリティ主義の流れの中にあり、新生・湖池屋を象徴する商品のひとつであると言えるだろう。

一方、芋の特定品種を打ち出すという方向性のクオリティ主義もある。

ポテトチップス好きの間では「年に1度の祭り」と認識され、近年ではテレビなどのマスコミでも紹介されるようになってきたのが、湖池屋が２０１５年から通販限定で販売している「今金《いまかね》男しゃくポテトチップス」だ。

「今金男しゃくポテトチップス のり塩」（写真は2016年のパッケージ／写真提供：湖池屋）

今金男しゃくは北海道・今金町産の高級男爵いもで、ジャガイモ流通量全体に占める割合はたった０・３％しかない。「今金男しゃくポテトチップス」はその年の秋に収穫された今金男しゃくの新じゃがのみを原料として使用し、毎年9月中旬からサイトで注文受付を開始。10月初旬より順次出荷する。「うすしお味」と「のり塩」2種類があり、75gが6袋で1480円（送料別／2022年販売時）だ。湖池屋によれば、通販サイト開設にあたり、記念商品として「希少品種でのり塩を作ったらどうなるか？」という発想で企画したという。

そもそも男爵いもはデンプンや糖分が多いため焦げやすく、ポテトチップスの原料には向かない。特に今金男しゃくはデンプンが多いのでなおのこと。それを湖池屋が製造技術でねじ伏せたのが「今金男しゃくポテトチップス」というわけだ。

今金男しゃくは「プライドポテト」ブランドでも2017年より期間限定で使用されている。初代「プライドポテト」発売から8カ月後の2017年10月、「湖池屋プライドポテト　今金男しゃく　幻の芋とオホーツクの塩」を発売。価格は1袋298円と通常のプライドポテトと比べても2倍近い、かなり強気の値付け。以降毎年、今金男しゃくを使用した「プライドポテト」は、使用する塩を変えながら秋の収穫時期に期間限定で発売を続けている。

「ブランド芋くらべ」は和食の美学×極まった市場成熟の証し

一方、ジャガイモ品種へのこだわりという意味では、湖池屋が「じゃがいも心地」ブランドで2019年から展開している「ブランド芋くらべ」シリーズにもコアなファンがついている。

これは、通常はポテトチップスに使用されない品種のジャガイモでポテトチップスを作り、毎年10〜11月頃に期間限定発売するもの。フレーバーではなく芋そのものの味を食べ比べてもらうという、かなり通好みの企画だ。それでいて普通のコンビニなどでも買えるので手軽感がある。

2022年は「スノーマーチ」「ひかる」「きたかむい」「サッシー」「マチルダ」の5品種が発売された。フレーバーは「焼き塩」「平釜の塩」「岩塩」と、種類は違うものの一応「塩」で統一されているがゆえに、ジャガイモ自体の味の違いがわかりやすい。「利き酒」的な楽しみ方ができるシリーズであると言えるだろう。*153

このようなブランド芋展開に関し大谷号は、「今金男しゃくは今金農協、きたかむいは羊蹄地区、スノーマーチは北見地区で作っているといったように、それぞれの地域ブランド芋。その意味では、生産地区とのタイアップ的な側面が強い商品」とみる。

実は身も蓋もない話だが、そもそも効率を求めるならば期間限定のブランド芋でポテトチップスなど作らないほうがいい。今金男しゃく同様、ポテトチップス製造には向いていないからだ。

「ブランド芋に関しては、歩留まりの悪さを我慢して製造しているはず。効率を考えるなら、恒常的にはやりたくないのが正直なところではないか。ジャガイモの種類が多いと貯蔵管理も面倒」(大谷号)

それでも、なぜやるのか。湖池屋によれば、「農家の皆さんが作っているジャガイモはただのジャガイモではなく、異なる素晴らしい個性を持った〝素材〟であることを伝えたいから」だという。

一方、カルビーも品種を前面に出した商品を販売していないわけではない。カルビープラス限定で販売される「じゃがクリスピー インカのめざめ」や、イオン北海道限定で毎年9月に「北海道男爵ポテトチップス」を販売している。ただ、湖池屋のように販路を全国に拡大してはいない。

ジャガイモの品種を売りにしたポテトチップスを「食べ比べ」と称してラインナップす

るのも、それを喜んで食べるのも、実に日本人特有と言えよう。和食界隈の美学である「素材の味を楽しむ」を地で行っている。ワインやウイスキーじゃあるまいし、市販のスナックでそれをやるとは。欧米人が知れば感心するか、呆れるだろう（もちろん筆者は大歓迎だ）。

また一方で「ブランド芋くらべ」は、欲望の充足装置の「精度」をフレーバーの細分化とは異なる方向性で高めようとする試みとも言えるかもしれない。一部マニア勢の欲望も漏らすことなく満たす、国内ポテトチップス市場の極まった成熟ぶりを示している。

「ネオヘルシー」という潮流

00年代、「ヘルシー」と「ジャンク」に日本人の食嗜好が二極分化した際、基本的にポテトチップスは「ジャンク」の受け皿担当であり、「ヘルシー」の受け皿は担えなかった。湖池屋は前出の「ポテトチップス　バナナ味」「もも味」「トースト味」「牛乳味」などを〝あさポテチ〟、つまり朝食シリーズとしてアピールしたが、浸透せずじまい。

「炭水化物と油と塩、フレーバーに含まれる大量の食品添加物」の権化であるポテトチップスがヘルシーなど担えるわけはない。至極当然の考え方である。

であれば、ポテトチップスの最小要件だけを残し、アンヘルシーな要素を極力除いたらどうなるだろう？

その象徴的商品が、2020年2月、リニューアル5度目の「プライドポテト」に登場した「芋まるごと 食塩不使用」である。文字通り食塩すら使わない、出汁の味だけでミニマムな味付けを施したポテトチップスだ。

この商品には「前段」と呼ぶべき流れがある。

実は3～4代目の「プライドポテト」は、うま味調味料や香料を使わない〝無添加〟を謳っていたが、それによって消費者のパイを狭めてしまっていた。

「〝無添加〟は、お母さん世代や健康を気遣っている世代には喜ばれましたが、ポテトチップスを一番食べる20代から40代前半からすると、物足りなく感じてしまう。実際は食べたらおいしいのに、食べる前に意欲がそがれていた」（湖池屋）

そんな中、湖池屋は2018年11月に「ポテトの素顔」という商品を発売する。なんと、塩味どころか何の味もついていない〝ジャガイモの素揚げ〟状態のポテトチップスだ。ターゲットはヘルシー志向の女性で、パッケージデザインも女性向けを意識。家でサラダに乗せたり、ディップをつけてパーティーで食べたりするイメージを想定しており、インスタグラム掲載も期待していたという。

ところが蓋を開けてみると、一番買った世代は40〜50代の男性だった。お客様センターには男性購入者からの「塩分を気にしていたので、塩なしのポテトチップスが食べたかった」といった声が続々と届く。

そこで発見した〝食塩不使用〟のニーズを「プライドポテト」のフレーバーに生かした結果が、「芋まるごと 食塩不使用」だった。「ポテトの素顔」同様、塩は使っていないが、あっさりした味はついている。北海道産昆布などのうま味だ。

「ポテトの素顔」は一部に好評だったが、人を選ぶ商品でもあった。人によっては「塩気がなくて物足りない」と感じるだろう。ポテトチップス好きの筆者からしても、かなりマニア向けの仕上がりだと感じた。それをもう少し一般向けに調整したのが「プライドポテト 芋まるごと 食塩不使用」である。これが、市場に見事にはまった。

一見して撞着《どうちゃく》 語法・語義矛盾たる「健康的なポテトチップス」はここに見事、成立をみたのである。

では、「塩分」と並んでポテトチップスが健康面で敵視される「油」についてはどうだろうか。塩や添加物と違い、油は使わないわけにはいかない。ただ、努力余地はある。

まず、酸化による劣化を防ぐため、製造日からなるべく早く食べてもらうこと。これは「湖池屋　工場直送便　ポテトチップス」や、後述する菊水堂の「できたてポテトチップ」が実践している。

もうひとつが、油自体をヘルシーなものに変えることだ。

日本の一般的なポテトチップスで使われている揚げ油はパーム油（アブラヤシの果実から生成される植物油）と米油（米を精製する際にできる米ぬかを原料とする油）の混合。米油はパーム油に比べて「口に残らない」「胃にもたれない」というメリットがあり、「揚げ油は米油100％」を謳う商品もあるが、夏場の傷みが早いといったデメリットもある。

ポテトチップス用の油の中でヘルシー度が高いとされているのは、オリーブオイルであろう。その名の通りオリーブを搾《しぼ》って取る油で、他の油に比べて酸化しにくく、悪玉コレステロールを減少させるとも言われている。独特の軽い口当たりも特徴だ。国内商品には少ないが、近年では輸入食料品店などに並ぶ〝サードウェーブ系ポテトチップス（後述）〟に使われているケースもある。

減塩・無塩や油へのこだわりは、元来ジャンクフード的色合いが濃かったポテトチップスに力技で「ヘルシー」のラベルを貼ろうとする、いわば「ネオヘルシー」とも呼ぶべきムーブメントである。ネオヘルシー系商品に一定の需要があるのは、長らくポテトチップス市場を担ってきた団塊ジュニアが中年期にさしかかり、その多くが健康に気を遣いはじめたという背景もありそうだ。

菊水堂、グローバリズムの中に咲く一輪の花

2015年3月10日、ゴールデン帯で放映された情報バラエティ番組『マツコの知らない世界』（TBS系）が、一晩で老舗ポテトチップスメーカーの運命を変えた。そのメーカーとは、埼玉県八潮市に本社と工場を構える菊水堂。*154 湖池屋と同じく古参のポテトチップスメーカーだ。マツコ・デラックスが同社の「できたてポテトチップ」を試食し、絶賛したのだ。

「できたてポテトチップ」はジャガイモ、油、塩だけで作られた、素朴の極みともいえるポテトチップスである。当然ながら添加物はゼロ。創業者である岩井清吉の「お菓子は子供が食べるものだから、余計なものを入れるべきではない」という教えを守っている。

菊水堂の売上は、生活協同組合向けポテトチップス、高速道路のサービスエリア向けポテトチップス*155のOEM生産、そしてネット通販の3本柱。*156 そのネット通販で、文字通り工

場で「できたて」のポテトチップスを購入者に直送する。

ポテトチップスは油が酸化すればするほど、つまり製造日から時間が経てば経つほど味が落ちていく。それゆえ同社の販売サイトでは、製造販売カレンダーによって「工場でいつ製造されたポテトチップスが、いつ発送されるか」がわかるようになっている。一般的なポテトチップスの賞味期限が6カ月のところ、「できたてポテトチップ」の賞味期限は製造日からたった2週間。しかも推奨は1週間以内である。発送にかかる時間を考えると、文字通り「到着後すぐ」に食すことを求められているわけだ。

一般的なポテトチップスに食べ慣れている者が「できたてポテトチップ」を食べると、その素朴さに拍子抜けするかもしれない。あまりにも普通、あまりにもシンプルだからだ。塩の量も大手メーカーよりやや少なめ。虚飾のない、ジャガイモそのものを〝裸〟で食べているような感覚。しかしシンプルだからこそ飽きが来ない。食べ続けても、一般的なポテトチップスほど胃がもたれない。

筆者のポテチ会でも、濃い味系や飛び道具系フレーバーのポテトチップスに比べるとインパクトには欠けるものの、会が進み参加者の胃が膨らんでくると、手が「戻ってくる」のは決まって「できたてポテトチップ」だった。

味付けに決まった量の塩しか使っていない、つまりカルビーや湖池屋の塩系ポテトチップスのようにうま味調味料などを使用していないということは、使用ジャガイモの品種や個体差から来る味わいの違いを、うま味調味料などの量によってコントロールすることができないことを意味する。したがって、「できたてポテトチップ」は収穫時期や品種によるジャガイモの個体差によって、味が微妙に変化する。同社のホームページには、「苦情」として「ポテトチップの味が、前回買った時と違う」という声が掲載されているが、[*157]それもまた「味」なのだ。

マツコが番組で「できたてポテトチップ」を紹介した直後の同日21時半頃から、菊水堂の通販サイトにはアクセスが殺到。その後の23時間で、1セット6袋入り1800円の「できたてポテトチップ」に2万セットもの注文が入った。これは同社で製造可能な量の1カ月分に相当する。以降も原料の調達が追いつかないほどの注文が続いた。[*158]

この反響から、菊水堂はテレビ、新聞、雑誌で頻繁に取り上げられ、知る人ぞ知る存在だった埼玉の小さな老舗ポテトチップスメーカーは、全国的な知名度を獲得することになった。

2010年代半ば、IT分野を中心とした諸産業で非情ともいえるグローバリズムが世界を覆い、国際競争力を低下させつつあった日本は、さまざまな産業でメイド・イン・ジャパンの地位を失墜させていた。そんな時期に、「素朴で昔ながらの商品を、町工場で愚直かつ職人的に作り続ける老舗」という菊水堂の企業イメージは、国民からたいそう心情を寄せられやすかった。

そんな菊水堂が長年にわたり守り抜いた「無添加」「できたて」「イモの香りがする」は、前述した「ネオヘルシー」の基本理念とも親和性が高い特性である。

メディアとポテトチップス

2010年代、国内のポテトチップスを取り巻くメディア状況、特にテレビでの取り扱われ方は明らかに変わった。新製品がフィーチャーされる機会が増え、メーカーのオフィスや製造工程にカメラが入る情報バラエティ番組をよく見かけるようになり、芸能人がポテトチップスを食べ比べるタイプの企画も登場した。

大谷号も同様の印象を持っている。「今まで埋もれていた中小のポテトチップスメーカーや商品が、テレビ番組やSNSの影響で急にフィーチャーされた感覚がある」

その背景には、テレビ番組の予算不足があった。

2010年代のテレビ業界は、2008年のリーマン・ショック以降長らく番組予算を減らされ続けていた。[*159] 予算をかけた派手な企画は通らず、有名タレントを多数起用することも難しい。その結果、数多く企画されたのが、「変わった商品を紹介する」「皆が知っている企業の裏側に迫る」「商品の製造過程にカメラを入れる」「個性の際立った素人をフィーチャーする」タイプの番組だ。相手は企業や非タレントなので、とにかくカネがかからない。企業としてはPRになるのでタダでも歓迎。ロケにはスタッフだけで行けばいいので、タレントを拘束することもない。

菊水堂をブレイクさせた『マツコの知らない世界』も、ある分野について異常に詳しい一般人に商品・施設・サービスなどを解説してもらう番組である。2010年代前半に人気を博した『知って見て得する情報バラエティ シルシルミシルさんデー』（テレビ朝日系）ほか、2023年1月現在も続いている『あらゆる世界を見学せよ 潜入！リアルスコープ』（フジテレビ系）、『ジョブチューン アノ職業のヒミツぶっちゃけます！』（TBS系）も、その部類に入るだろう。この流れに、ポテトチップスメーカーがうまく〝乗った〟のだ。

マスメディアはポテトチップス市況の潮目を変える――という意味では、それ以前から

ＣＭがその役割を果たしていた。湖池屋が「のり塩」の販売に弾みをつけたのはラジオＣＭであり、カルビーの「うすしお味」が売れ始めたきっかけは藤谷美和子のＴＶＣＭ、「プリングルズ」の舶来おしゃれイメージを植え付けたのもＴＶＣＭだった。
そんな中、団塊ジュニアを中心とした人たちにとって、１９８０年代から90年代にかけての湖池屋のＴＶＣＭは特に記憶に残っていることだろう。
１９８６年からスタートした「カラムーチョ」のＣＭからは、２０２３年現在の「カラムーチョ」の袋にも印刷されている「ヒーおばあちゃん」というキャラクターが生まれた。「もとは落書きで、コピーライターの西橋裕三さんが、打ち合わせ中に暇だったからと絵コンテの隅に描いたもの。それが面白いってことで、マスコットになった。マーケティングなんて偉そうなもんじゃない。とにかく個性的なものに仕上げていかないと、販売力も広告力もあるカルビーさんには勝てないと思って」（小池孝）
「カラムーチョ」以降の湖池屋はブランド戦略を取るようになる。会社名ではなくブランド名を推すのだ。「湖池屋のポテトチップス」ではなく「カラムーチョ」という商品名を連呼する。「スコーン」（87年発売）、「ポリンキー」（90年発売）、「ドンタコス」（94年発売）のＣＭ[*160]もそうだ。

「商品名を連呼する理由は2つ。ひとつは、とにかく商品を有名にしたいから。もうひとつは、お金がなくて有名タレントさんを使えなかったから」(小池孝)

なお、会社名ではなくブランド名を推すのは、日本市場においては理に適っている。カルビーの御澤も、日本市場特有の傾向として「オリジナルブランドで立たせたほうが消費者の間に定着する」という認識だ。かつては「カルビーポテトチップス」の傘下に各商品ブランドをまとめたこともあったが、うまく行かなかった。製品特徴が伝わらないからだという。[*161]

カルビー、覚悟の成型ポテトチップス参入

日本におけるスライスタイプの成型ポテトチップス市場は、長らく「チップスター」と「プリングルズ」の二強状態だった。

ところが2016年、ポテトチップス好きの間に衝撃が走る。王者・カルビーが「ポテトチップスクリスプ」で満を持して参入したのだ。

2016年時点でポテトチップス国内シェア7割以上と盤石だったカルビーが、なぜ二強安定の市場にわざわざ飛び込んでいったのか。

通常のポテトチップスに比べ、原料が安定確保できるからだ。

「ポテトチップスクリスプ」の原料はフレーク状の乾燥ジャガイモ。生ジャガイモではないので、先述したように輸入枠の制限がない。海外からも自由に輸入できる。つまり、国産生ジャガイモの不作[*162]に商品の生産量が左右されない。

実はカルビーの成型ポテトチップス参入はこれが2度目だった。

１度目は１９９８年、カルビーはドイツ・エイム社のＯＥＭ供給で「チップスレッテン」を販売したが、売上が伸びずすぐに撤退した。しかし２０１１年から研究開発を重ね、２０１５年には自社工場に成型ポテトチップス用の設備を導入。晴れて自社製品として発売する。ちなみに「ポテトチップスクリスプ」に使われている乾燥ジャガイモの品種は、「プリングルズ」やマクドナルドのポテトと同じ、米国産の「ラセット・バーバンク」である。[*163]

とはいえ、市場に定着しきった既存二強の牙城は、並大抵では崩せない。しかし、さすが後発・王者の貫禄。先行二者の商品を研究し尽くした上で、先行二者とは違ったプロダクトにまとめてきた。「ポテトチップスクリスプ」は、「チップスター」のシンプルな味付けやもっさりした食感とも、「プリングルズ」の濃厚な食べごたえとも異なる、カルビーによれば「パリッとはじける食感」を前面に出した食べ心地が特徴。言ってみれば、従来の薄切りポテトチップスと旧来型の成型ポテトチップスとのちょうど中間、良く言えば「いいとこ取り」なのだ。

もちろん、その食感デザインに好き嫌いはあるだろう。ただ、筆者は従来型の成型ポテトチップスの「もっさり」「ボリューミー」が苦手で、それほど好んでは食べないが、「ポテトチップスクリスプ」に限ってはよく食べる。少なくともここにひとり、成型ポテトチップスの新規顧客が開拓されたわけだ。

湖池屋とカルビー、和食とフレンチ、野党と与党

ところで、業界老舗の湖池屋は今までに一度も成型ポテトチップスを発売していない。その理由を小池孝に問うと、答えはシンプルだった。

「生ジャガイモのほうがおいしいから」

その言葉で想起するのが、湖池屋とカルビーの「方向性」の違いだ。ポテトチップス好きの間では、個別の推し商品とは別に、「カルビー派」「湖池屋派」「山芳派」といったメーカー愛がよく語られる。「山芳派」は変化球フレーバーに対する愛がその根底にあるのでわかりやすいが、湖池屋とカルビーの違いとは何か。

あくまで私見だが、湖池屋はジャガイモという素材本来の味を引き出そうとするナチュラル志向の姿勢に特徴があり、カルビーはフレーバーの多様性と新製品投入のスピードに特徴があるのではないか（無論、湖池屋にもジャンク路線があり、カルビーにもナチュラル路線があることは承知だ）。

湖池屋については既に本章で説明した。「じゃがいも心地」はナチュラル志向を代表するブランドであり、先述のクオリティ主義やネオヘルシーも然り。

一方のカルビーは業界最大手の規模であることもあって、チップス形状やフレーバーのバリエーション展開が多い。形状は通常の薄切り以外に、超厚切りの「ポテトデラックス」や超薄切りの「シンポテト」、堅さを追求した「クランチポテト」、「ア・ラ・ポテト」をはじめとしたウェーブカット、そして成型タイプの「ポテトチップスクリスプ」とオールレンジでカバーしている。

フレーバーは定番の「うすしお味」「コンソメパンチ」「のりしお」「フレンチサラダ」「しあわせバタ〜」のほか、地域限定商品や期間限定ご当地フレーバーを比較的ハイペースで発売している。ご当地フレーバーの中にはやや強引なものがなくもないが、それもまた飛び道具としての割り切り。特にコンビニ棚では「ネタになる」フレーバーが強い。定番は定番としてどっしり構え、飛び道具は飛び道具として手数で勝負する。他社がヒットさせたポテトチップスのコンセプトも貪欲に取り込む。それがカルビーの姿勢だ。

こうして見ると、湖池屋もカルビーも、戦時中に一部から嫌われていた、そして戦後は余っていたジャガイモをどのようにおいしく食べるかという大目的については一致しているが、そのアプローチが異なっている。湖池屋は「素材本来の味を引き出す」アプローチ、カルビーは「素材に凝った手を加える」アプローチ。雑にたとえるなら、湖池屋は和食的アプローチ、カルビーは調味料の豊富さを活かしたフランス料理的なアプローチ、とでも言えよう。

とはいえ料理の世界に「フレンチの発想を取り入れた和食」や「和食の発想を取り入れたフレンチ」があるように、和食的な湖池屋にも「KOIKEYA STRONG」というジャンク路線があり、カルビーにも「じゃがいもチップス」といったナチュラル路線がある。信条の異なる者同士が切磋琢磨し、混じり合い、昇華されて、また新しいものが生まれていく。

圧倒的なシェアと開発力によって国内市場を力強く牽引するカルビーと、孤高のオルタナティブを突き進みカルビーを一瞬たりとも油断させない湖池屋。なにやら、理想的な与党と野党の関係に見えなくもない。

どのポテトチップスを食べるかは「自己表現」

２０２１年１月から３月にＢＳテレ東で放映された連続ドラマ『ナイルパーチの女子会』には、仕事で大きなストレスを抱え病んでいる主人公・志村栄利子（水川あさみ）が、「ＫＯＩＫＥＹＡ ＳＴＲＯＮＧ」を貪り食うシーンが登場する。水川が当時「じゃがいも心地」と「ＫＯＩＫＥＹＡ ＳＴＲＯＮＧ」のＣＭに出演していたことからの商品選定だが、ここで貪り食うのがナチュラル系の「じゃがいも心地」ではなく、がっつり濃い味系の「ＫＯＩＫＥＹＡ ＳＴＲＯＮＧ」であるのは、実にしっくり来る演出だったと言える（後述するが、ストレスを抱えている者ほど濃い味を好む）。

もはやポテトチップスは、「どのポテトチップスを食べているか」の選定までがドラマの演出範囲となりうるくらいには、我々の生活に入り込み、かつその人物のパーソナリティや精神状態を示す小道具となっている。

このことは、どんな車に乗っているのか、どんなパソコンを使っているのか、どんなブランドの服を身につけているのかで、その人物のパーソナリティが表現されるのと同じ。

トヨタ車を選ぶか、マツダ車を選ぶか。アンドロイドスマホを選ぶか、iPhoneを選ぶか。性能や機能は重要な判断材料だが、それと同等に大事なのが、「マツダ車に乗っている自分」「iPhoneを選んだ自分」という〝自己表現〟の側面であろう。

エンタメ社会学者の中山淳雄《あつお》は著書『推しエコノミー 「仮想一等地」が変えるエンタメの未来』（日経BP、2021年）で、「ユーザーにとって趣味趣向は『消費財』ではなく『表現財』となった」と述べた。中山が指しているのはエンタメコンテンツだが、生活必需品ではなく「エンタメ的な嗜好品」の性質が強いポテトチップスにも置き換えられよう。人は、ポテトチップスを食べる＝「消費」すると同時に、どんなポテトチップスが推しかを表明することによって自らを「表現」もしている。「『じゃがいも心地』が好きな自分」「『コンソメパンチ』が好きな自分」。それはアイデンティティであり、自己表現だ。

日本のポテトチップスは、あらゆるタイプの「自己表現」の受け皿かつ発信ツールとなりうるほど、多様性に富んでいる。それを端的に表しているのが、カルビーが2020年8月6日のニュースリリースに掲載し2022年9月7日にツイッターの公式アカウントで投稿した、自社商品を食感タイプ別にまとめた一覧表（次ページ参照）だ。ポテトチップスの原料（生ジャガイモか、マッシュポテトか）や形状（薄切り・厚切り、波型のタイプ）

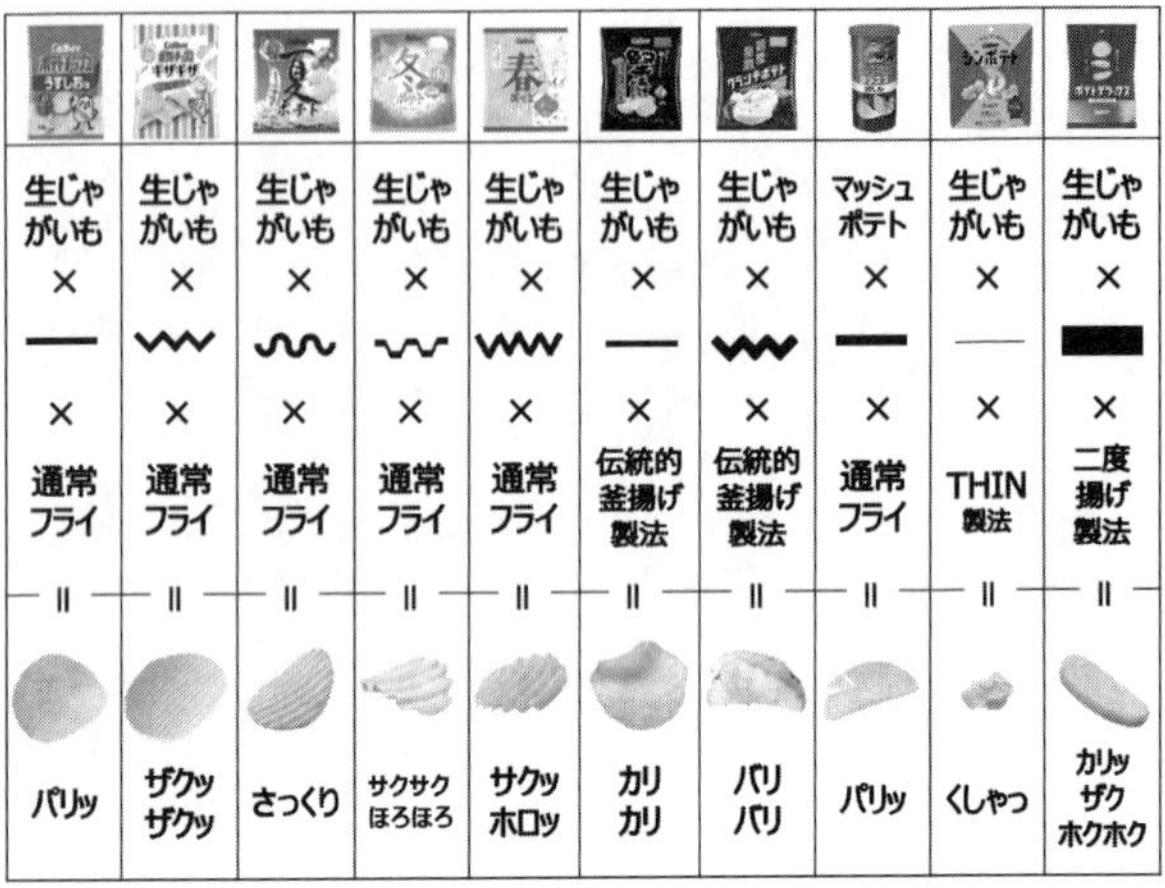

カルビーの食感バリエーション一覧（パッケージ画像は2023年２月末現在のもの／画像提供：カルビー）

なら、まだわかる。しかしこの表では驚くべきことに、咀嚼時の食感を細分化された擬音で表現している。

「ザクッ」と「サクッ」、「カリカリ」と「バリバリ」といった微細な違い、あるいは「サクッ→ホロッ」「カリッ→ザク→ホクホク」といった、口中での食感の変化まで克明に記載されている点には感心する。消費者の多様な嗜好を食感のレベルで把握し、それらを漏れなく網羅すべくラインナップを策定しているわけだ。

どんな食感を好む消費者も誰ひとり取り残されない。あらゆる自己表現の受け皿。序章で述べた通り、呆れるほど「ダイバーシティでインクルーシブ」な計らいだ。

サードウェーブ系ポテトチップス

百数十円で買えるポテトチップスがすぐそこのコンビニにあるのに、わざわざ輸入食料品店で2倍、3倍の値段のポテトチップスを買うのは、それが自らのアイデンティティに関わる重要なアクションだからだ。その種の人々は決して、「安くてボリュームのあるポテトチップス」をファストフードのように貪り食べたりはしない。

政治的立場の中に「反グローバリズム」や「地産地消主義」や「フェアトレード志向」が存在するように、ポテトチップスの世界にも非主流やエシカルな立ち位置というものが存在する。日本ではそれが2010年代に「プレミアム主義」「品質主義」という形で顕在化したが、アメリカではもっと早くからその流れがあった。

2006年にヒストリーチャンネルで放映されたドキュメンタリー『American Eats』の「Salty Snacks（しょっぱいスナック）」回では、塩や製法にこだわりをもって製造する小さなメーカーのポテトチップスが消費者に受け入れられている当時の状況を「グルメスナックの時代」と称し、オレゴン州のセイラムにあるケトルフーズ社にスポットを当てた。

同社はポテトチップスの大量生産に必須の連続式オートフライヤーではなく、鍋（釜）を使って密度感のあるサクサクしたチップスを作る。これは「1920年代、30年代に作業工程が機械化される前の本来のポテトチップスの作り方に近い」（同番組）。また同社のポテトチップスには、人工着色料、防腐剤、グルタミン酸ナトリウムなどの化学調味料が使用されていない。

「地方の」「小さなメーカーがつくる」「昔ながらの」「健康志向の」ポテトチップスが消費者に愛されるという文脈は、後年の日本で菊水堂がもてはやされたことも想起させよう。大量生産・スピード・効率・安価を求めるのではなく、多少高くても材料にこだわり丁寧にこしらえたものを食したい――。このムーブメントは00年代から10年代にかけてアメリカで流行した「スローライフ」や「サードウェーブコーヒー」といった思想の根幹にもあるものだ。このような思想に基づいた「丁寧なつくりのポテトチップス」、いわば〝サードウェーブ系ポテトチップス〟として確立されたプレミアム感こそが、2010年代に日本で海外ポテトチップスが「食に対して意識高い系の消費者」から順に受け入れられた理由かもしれない。

世界のポテトチップス、日本のポテトチップス

アメリカやヨーロッパのポテトチップスは日本で言うところの「堅揚げ」系、つまりカルビーの「堅あげポテト」のような食感のラインナップが、日本に比べると多い。日本で手に入りやすいもので言えば、イギリスのティレル社、スペインのトーレス社、そして前出のアメリカのケトルフーズ社の商品などがそれに当たる。先の『American Eats』によれば、アメリカのほとんどの大手メーカーが鍋揚げ（釜揚げ）ポテトチップスも製造しているという。

実は1993年に発売されたカルビーの「堅あげポテト」は、開発時に海外のポテトチップスを参考にしている。同商品や「ピザポテト」の開発に携わった先述の遠藤英三郎は2022年のインタビューで以下のように語っている。

「海外の市場を見ていたときに、昔から『釜揚げ製法』でつくられる堅いポテトチップスがあったんです。だけど、大量生産もできない製法で、一定のニーズはあったんですけど、メジャーな商品にはなり切れていない感じでくすぶっていたんです。しかも、日本ではまだ商品化されていない[*164]」

海外で堅揚げ系が多いのは、ポテトチップスがおやつ用途だけでなく、食事の延長、「飲酒を交えたパーティーのおつまみ」として利用される場面が日本よりずっと多かったからではないか。多人数でディップをつける食べ方も、そのひとつ。日本で主流の薄切りタイプより、歯ごたえのある堅揚げ系のほうが、酒のアテには適している。

欧米ほどではないものの、現在の日本では「堅い食感」を売りとする商品が各社から発売されている。が、日本以外のアジア圏では堅い食感があまり受け入れられない――とはカルビー御澤の弁。その理由についてはわかりかねるというが、筆者としては、日本には「堅焼き煎餅」の食文化的下地があったから説を推したい。

また、日本のポテトチップスは希少種を除いては白っぽい色のものが主流だが、欧米や日本以外のアジア地域のチップスは黄色いものが主流。これは純粋に、当該地域で主に流通しているジャガイモ品種の違いによる。

揚げ油も違う。米文化が盛んな日本では米油が手に入りやすいので、初期のポテトチップスは主に米油で揚げていたが、米油は高価かつ酸化しやすい性質もあるので、現在では安価で酸化しにくいパーム油と米油の混合が主流となっている。一方、海外ではキャノーラ油（菜種油の一種）、コーン油、大豆油などが主に使われていたが、昨今ではひまわり油の使用が増えているようだ。

ひまわり油は日本のものに比べると比較的テカテカした揚がりになる。[*165] 袋を開けた際の独特の香りで「あ、日本のものじゃない」と直感的にわかる人も多いはずだ。これもまた、「海外ポテトチップスを食べている」実感、優越感、非日常感、あるいは「海外ポテトチップスを食べている自分」という陶酔感を大いに煽る。

日本では聞き慣れないフレーバーが多いのも、海外ポテトチップスの醍醐味だ。大谷号に言わせれば、「その国でよく食べられている味がフレーバーになる」。キャビア味や生ハム味は日本でも手に入れやすいが、大谷はかつて北欧に行った際、「きのこ味」や「カニ味」のポテトチップスを見つけたという。

また、イギリスやオーストラリア（イギリスの旧植民地）ではフィッシュ＆チップスが国民食のため、その定番調味料である塩と酢、つまりソルト＆ビネガーがポテトチップスの定番フレーバーとなっている。

自国の食文化に根付いた馴染みの味をフレーバー化するのは日本も同じで、「のり塩」はその最たるもの。バター醤油や出汁系も同様である。

ちなみに「海苔（seaweed）味」はアジア圏の国々でわりと見かけるフレーバーだが、

「ハンターズ 黒トリュフフレーバーポテトチップス」(写真提供／成城石井)

いかにも欧米に存在しそうな「コンソメ味」については、第2章で述べた通り海外では一般的ではない。

近年の日本でブレイクした海外発フレーバーと言えば、何をおいても黒トリュフだろう。2020年にその火付け役となったのが、アラブ首長国連邦からの輸入品「ハンターズ 黒トリュフフレーバーポテトチップス」だ。厚めにカットしたジャガイモを釜で手揚げしているため、食感は「サクサク」というより「ザクザク」。トリュフの芳醇な香りと塩気がかなり強い。国内メーカーのトリュフ系チップスが比較的「甘み」や「丸み」を意識したマイルド仕様なのに対し、こちらは酒のつまみとして十分成立するほど濃厚だ。ワインが欲しくなる。

同商品は日本で缶タイプと袋タイプが流通しているが、このうち袋タイプを自社で輸入しているのが成城石井だ。実は2020年11月時点で、「成城石井でもっとも売れているポテトチップス」でもあった。国内外すべての取り扱いポテトチップス商品の中で№1の売上で、2020年には100万袋も売れている。

実はトリュフフレーバー自体は、2019年ごろから欧米の食品業界のトレンドになっていた。それを察知していた成城石井は、日本での流行も見据えてトリュフ味の商品を拡大しようと画策、そのタイミングで同社のバイヤーがドバイの食品見本市にてハンター社の黒トリュフポテトチップスに出会い、日本でも売れると直感したそうだ。

同商品のヒットを受け、2022年にはカルビーが「ポテトチップス 至福のトリュフ塩味」を、湖池屋が「じゃがいも心地 トリュフと岩塩」を発売している。

日本での舶来ポテトチップス、海外でのジャパニーズ・ポテトチップス

カルビーの御澤も指摘するところだが、日本のポテトチップス市場の特徴は「新商品の発売数が圧倒的に多い」ことだ。本書でも何度か言及しているように、幕の内弁当的な「選択肢の多い状態」を求める日本人の特質に市場が応《こた》えた形である。

であるならば、輸入ポテトチップスがもっと店頭に並んでもいいようなものだが、販売されている場所は限定的だ。

輸入ポテトチップスの流通を阻《はば》む最大のネックが価格である。御澤によれば「海外ポテ

トチップスの品質は昨今かなり上がってきており一定数の支持を得られているが、国内製品と比べて高単価であることは事実」。一言でいえば、「割高」なのだ。

ただ、輸入ポテトチップスが高くなるのは仕方がない。輸送費が価格に乗ってしまうのはもちろん、他商品に比べて輸送効率が悪いのだ。ポテトチップスは袋入りスナック菓子という性質上、「空気を運んでいるようなもの」とよく言われる。チョコレートやキャンディなどに比べると、同じ容積のコンテナでも運べる量が少ない。コンテナ積載率が低いのだ。

また、ポテトチップスは油が酸化する関係上、賞味期限が短いのも国内流通させにくい原因のひとつだ。本国からの輸送日数が余計にかかる輸入ポテトチップスは、国内の工場で製造されたポテトチップスよりも日本での商品寿命が短い。国内小売にとっては「扱いづらい商品」なのだ。

とはいえ「海外ポテトチップスを扱う小売は増えている」と御澤。輸送時の工夫で少しでもコストを削減する努力をしている成城石井のような企業もあるようだ。*166 コロナ禍でなかなか自由に外出できない分、多少高くてもおいしいものを家で食べようという気分が財布の紐を緩めたことは大きいだろう。たった数百円の奮発でそれが叶うなら安いもの。

逆に、日本のポテトチップスの海外展開はどのような状況なのか。

２０１２年ごろから海外事業を本格展開しているカルビーの場合、スナックやシリアル事業を北米、中華圏、イギリス、インドネシアなど日本以外に９つの国・地域で販売している。その様態は国によってさまざまで、日本からの輸入販売を行ったり、現地の消費者に合わせた商品開発・製造を行ったり、現地の食品メーカーとの合弁事業を行うなどしている。

カルビーの海外売上は数年来、伸長基調にあり、２０２２年３月期における年間売上高は６４４億円。同社の連結売上高は２７８０億円なので、売上の約４分の１は海外市場が担っていることになる。

ここで、韓国で２０１４年に発売されて大ブレイクした「ハニーバターチップ」を取り上げておきたい。独特の甘じょっぱさが受け、韓国の著名人もこぞってＳＮＳに写真を投稿した人気商品だが、実はカルビーと韓国のヘテ製菓が作った合弁会社によって共同開発された商品である。韓国でのブレイク後は日本にも輸入されて人気となったが、パッケージに大きく印刷されたハングルから純韓国産ポテトチップスだと思い込んでいる消費者も多かった。パッケージ正面右上に控えめに表記されている「Ｃａｌｂｅｅ」が目に入っていなかったのだ。

ちなみに湖池屋の場合、海外売上の実に6割を「カラムーチョ」が占める。海外で「カラムーチョ」の人気が高い理由を、小池孝は先述した「辛み以外の部分は日本的な〝うま味〟がベースになっている」からだと推測する。「海外にも辛いスナックはあるが、辛さだけで味付けされていることが多い。だから海外でも受ける」

「カラムーチョ」のベースになっているチリ味は、日本にもともとあったフレーバーではない。であるにもかかわらず、それを日本独自にアレンジしたものが海外受けするという構図は、中国を出自とするラーメンが日本での独自進化を経て、現在では欧米で受けている構図にも似てはいないか。

「ポテチショック」が浮き彫りにしたもの

ポテトチップスが「日本人にとってなくてはならない菓子」であることを浮き彫りにした事件が2017年に起きた。台風によるジャガイモ不作が招いた深刻なポテトチップス商品の不足、メディアはこれを「ポテチショック」と報じた。

2016年8月、北海道に4つの台風が上陸・接近(北海道では観測史上初)。道内各所の川が氾濫して1400棟以上の建物が水に浸かり、1万人以上が避難を余儀なくされた。この大惨事によって、ポテトチップス用のジャガイモが不作にみまわれたのである。

カルビーと湖池屋はポテトチップスの原料となるジャガイモの8割を北海道産で賄っていたため、生産に必要なジャガイモが調達できなくなってしまった。国内がダメなら海外から調達、とは当然ならない。先述したように、生ジャガイモの輸入には法律で決められた上限枠があるため、足りないからといってすぐに調達量を拡大することができないからだ。

しばらくの間は、他地域で収穫した貯蔵ジャガイモでなんとかなる。ゆえに、原料不足は貯蔵ジャガイモが底をついた翌年2017年の春にやってきた。カルビーは「ピザポテト」など33品目の出荷を停止、湖池屋は16品目の販売を終了もしくは休止。先述の通り、湖池屋は「プライドポテト」を万全に供給できなくなった。

こうして、スーパーやコンビニのポテトチップス棚はスカスカ、もしくは縮小され、ネットでは出荷停止された商品が高額で取引された。「『ピザポテト』1袋で1万5000円」と値付けされていたという報告もある。[*167]

筆者が驚いたのは、台風被害によるポテトチップス不足のことではない。ポテトチップス不足がこれほどまでに「国民的一大事」として、テレビや新聞などで報じられたという事実だ。目につく新聞紙面だけを拾っても、「広がるポテチショック　競売に10万円で出品　販売休止前倒し」（日本経済新聞、2017年4月13日）、「ポテチショック『芋騒動』（朝日新聞夕刊、2017年4月21日）、「『ポテチショック』影響広がる――『生きていけない』悲鳴　農家激励、高額出品も話題」（日経産業新聞、2017年4月24日）など、いくらでも出てくる。

これがネットやSNSで話題になるならわかる。しかし「国民の関心事」とばかりに大々的に報じたのはむしろ大手メディアだった。朝日新聞に至っては、朝刊1面のコラム「天声人語」（2017年4月15日）でアイルランドのジャガイモ飢饉に関連付けてポテトチップス不足を取り上げ、「好みの商品が休止にならないか、気になる方もおられよう」と書いた。

ポテトチップスは米や小麦、魚や肉、野菜といった「毎日の生活に必要な栄養源」ではない。嗜好品、単なるお菓子だ。にもかかわらず、現代社会に必要不可欠なエネルギーである原油の逼迫《ひっぱく》が招いた世界経済の混乱「オイルショック」に倣《なら》い、「ポテチショック」と呼ばれた。それは、ポテトチップスが「日本社会に必要不可欠な食べ物」であることの証だ。

これは本書序章で記した「国民食」の定義「国民の食生活に必要不可欠である」と、ほぼ重なる。

よく知られた日本人の国民食たる、米飯や味噌汁、寿司や天ぷら、そばやうどん、カレーライスやラーメン。そのどれかが、何らかの状況で「食べられなくなった」日本社会を想像されたい。その混乱たるや相当なものだろう。

同じように、ポテトチップスの何品目かが一定期間スーパーの棚に並ばなかっただけで「ポテチショック」などと騒がれたのは、すでにポテトチップスが「国民食」の仲間入りを果たしていたからだ。

コロナ禍の日本人を支えたポテトチップス

その国民食は、2020年春から続く新型コロナの感染拡大という未曾有の事態において多くの日本人を支えた。

コロナ禍に伴う外出控えやリモートワーク化は、人々の「巣ごもり消費」を増大させたが、それに連動してポテトチップスをはじめとしたスナック菓子の「息抜きおやつ需要」

日本における一人あたりのスナック菓子購入量の変化

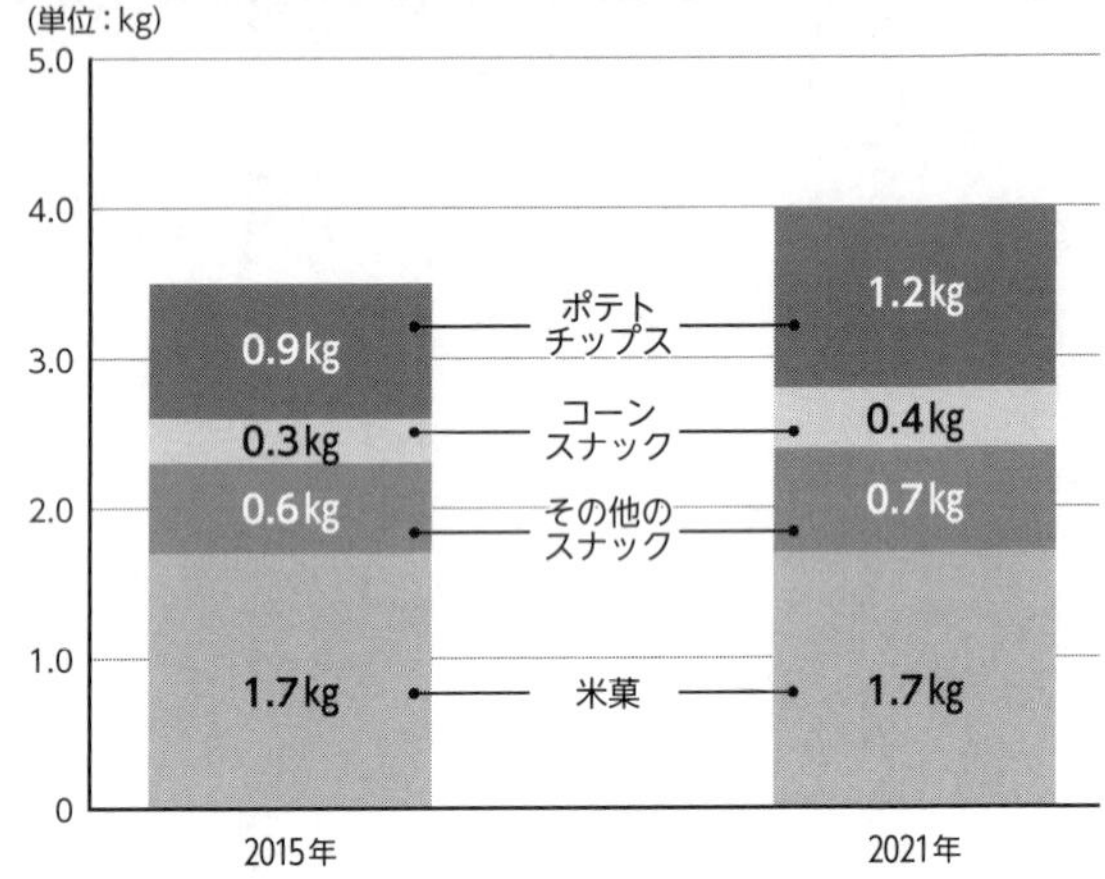

資料提供協力：湖池屋

「おつまみ需要」が拡大したのだ。

湖池屋のユーザー調査によると、コロナ禍で購入頻度が上がった食料品のジャンルで一番に挙がるのはスナック菓子[*168]、中でもポテトチップスの伸びが大きかった。新型コロナ感染拡大の第一波と第二波の時期と重なる２０２０年２月から９月の期間で見ると、スナック菓子市場が前年同期比１０６％であるところ、「じゃがいも心地」は１１６％、「ポテトチップス　のり塩」は１２５％、「プライドポテト」は１８６％、「ＫＯＩＫＥＹＡ　ＳＴＲＯＮＧ」は２２０％という伸びを記録した。[*169]

日本全体の数字を見ても、２０１５

年に一人あたり年間０・９kgだったポテトチップス購入量は、２０２１年には１・２kgに増加している。ちなみに同期間に煎餅など米菓の売上に変化はなかったが、その理由を湖池屋の中山は、「巣ごもり消費で煎餅の消費もポテトチップスと同様に増えたが、冠婚葬祭やイベントなどの催事が減ったことで贈答用米菓の需要が萎《しぼ》んだため、相殺された」と分析する。

ところで、「じゃがいも心地」や「プライドポテト」は素材の味を生かしたナチュラル系であるのに対し、「ＫＯＩＫＥＹＡ ＳＴＲＯＮＧ」はその反対、ガッツリ濃い系である。まったくもって対照的な方向性だが、面白いのはそのどちらもが「別々の理由」で売上を伸ばしたという点である。

「ストレスを溜めている方ほど、濃い、辛い、すっぱいものを求める傾向にあります。弊社の商品で言うと『ＫＯＩＫＥＹＡ ＳＴＲＯＮＧ』『カラムーチョ』『すっぱムーチョ』。彼らは刺激の強いものを食べてストレスを解消したい。一方、『プライドポテト』や『じゃがいも心地』は、どちらかというと癒やし目的。安心感、リラックス、仕事を頑張った自分に対するちょっとしたご褒美需要が多い」（湖池屋）

コロナ禍による在宅仕事でストレスを溜めた人は多い。家族がいて思うように仕事が進まない。飲みに行って愚痴を言う相手も、鬱屈《うっくつ》をぶつける先もない。世間の目もあり気晴らしに遊びに行くのも憚られる。業種によっては会社の先行きも不安だ。そのことが、濃い味のポテトチップスに手を伸ばさせた。

一方、在宅仕事でむしろストレスが軽減した人もいる。通勤ラッシュや窮屈なスーツからの解放。嫌な上司と顔を合わせずに済み、煩わしい「飲みニケーション」もなくなった。自室で仕事に集中でき、好きな時に休憩もできる。そういう人は、息抜きに「プライドポテト」や「じゃがいも心地」を選んだ。

現代のポテトチップスは、人々の欲望を満たすだけでなく、十人十色たる人々の心の状態それぞれに寄り添えるだけの多様性を持ち合わせている。

人生に寄り添う日本人の国民食

かつて老人の食べるしょっぱい菓子と言えば、煎餅に代表される米菓だった。少なくとも昭和や平成の前半くらいまではそうだっただろう。しかし現在は、シニア層もポテトチップスを食べる。

2014年時点で湖池屋は既に「『シニア層はポテトチップスを食べない』という考え

方は、古くなりつつある」という認識を持っていた。同社は「販促会議」2014年8月号「なぜ『頑固あげポテト』は、4カ月で1000万袋を突破した?」の記事内で、シニア層が煎餅を食べる量は少なくなっているのに対し、ポテトチップスを食べる量は増えているデータがある——と明かしている。

参考までに、1世帯あたりのスナック菓子年間購入額を2005年と2021年で比較してみると、世帯主が70代以上の家庭のスナック菓子(その中でもっとも多くを占めるのがポテトチップス)購入額は2005年で1327円だったのに対し、2021年には2633円と1・98倍に増加。これが60代だと、1694円から4061円と実に2・4倍に増える。[*170]

その背景には、ポテトチップスの普及時期がある。

湖池屋が「のり塩」を発売したのは1962年。量産化は1967年。カルビーの「うすしお味」発売は1975年。その普及時期は、「販促会議」の同記事によれば「(2014年時点での)40~60代の方々の幼少期と重なる」。彼らは2023年現在、概ね50代から70代だ。

ポテトチップスは、現在の多くの日本人の生活に入り込んでおり、老若男女あらゆる国民がポテトチップスを食べ続けている。これを国民食と言わずして、何と言おう。

もちろん、年代別に好まれるポテトチップスは異なる。湖池屋によれば、2010年代後半以降、消費者がポテトチップスに求めるフレーバーは二極化が進んだ。健康志向が強い40代以上は「素材の味を求めたい」「あっさりめがいい」「重たくない味にしてほしい」。若い世代は「濃く、はっきりした味がいい」。それゆえに、各世代に望まれる別々の商品ラインナップを展開している。

世代別アプローチはフレーバーに限らない。同社の調査によれば、10代はスナック菓子のパッケージがダサい、「買うのが恥ずかしい」とまで感じているという。フレーバーが気に入らないならともかく、パッケージデザインがそれほどまでに購買の阻害要因になるものなのかと問えば、その通りだ。

「ラベルやパッケージがおしゃれなものを選びたい。見た目にかっこ悪いものは受け入れられない。これはインスタ世代の特徴でもあります。SNSで発信する時、自分というキャラクターを代弁するアイテムがダサいのは、許しがたい」（湖池屋）

自分というキャラクターを代弁するアイテム――やはりポテトチップスは「自己表現」のひとつなのだ。

若者にダサいと思われようが、Z世代が少子化でパイが小さかろうが、ポテトチップスメーカー各社は若者の取り込み努力をやめようとはしない。湖池屋が自社商品のCMに若者に人気のあるタレントや同世代のモデルなどをここ数年起用しているのは、その証。若いうちにポテトチップスを食べつければ、大人になってもそれが食習慣として根付くからだ。

実際、30〜40年前に団塊ジュニアの舌と胃袋を虜にした商品は、今でも彼らに愛されている。「現在お店に並んでいる定番ポテトチップスの多くは、80年代から90年代に発売されたもの」と指摘するのは大谷号。「カラムーチョ」(スティック84年発売、チップス86年発売)、「わさビーフ」(87年発売)、「ピザポテト」(92年発売)、「堅あげポテト」(93年発売)、「プリングルズ」(94年日本本格上陸)は、2023年現在も定番商品であり、中年になった団塊ジュニアたちにもたしかに食べられている。

三つ子の魂百まで。魚柄仁之助は著書『国民食の履歴書――カレー、マヨネーズ、ソース、餃子、肉じゃが』で、「おふくろの味」をこう定義した。

「母乳を卒業してからは保護者(主に母親=おふくろ)が与える『食』によって味の学習をするから、幼年期に食べたものがその人にとってのおふくろの味」

小さい頃さんざん親に買い与えてもらったポテトチップスは、ある世代の日本人にとってもはや「おふくろの味」と言ってもいい。同書によれば、家庭料理本で「おふくろの味」という言葉が使われるようになったのは、1970年代の終わり頃から。これは、「カルビーポテトチップス　うすしお味」と「コンソメパンチ」によって、日本におけるポテトチップスの大衆化が完了した時期だ。

これは筆者の体感だが、人はポテトチップスについて話題を振られると、意外なほど饒舌になる。おそらく、多くの日本人の人生にポテトチップスの記憶が刻まれているからだ。

友達の家に遊びに行ったとき、袋ごと出された思い出。
受験勉強の夜食として大活躍したポテトチップスの買い置き。
ゲームの合間につまんだポテトチップスの油でベタベタになったコントローラー。
友達との宅飲みに持ち寄った安上がりのおつまみポテトチップス。
仕事がうまくいかず、ストレスで深夜に爆食いした日々。
健康に気を遣ってポテトチップス断ちをしたこと。
頑張ったご褒美に奮発した、ちょっと値が張る輸入ポテトチップスと舶来ビール。
かつて母親におやつとして買ってもらったポテトチップスを、今は自分の子供と食べる幸せ。

ポテトチップスは自分史と分かちがたく結びついている。ひとりひとりの生活と人生に寄り添っている。時代、年齢、置かれている状況に応じて、人はさまざまな形でポテトチップスに触れる。誰しもポテトチップスについての思い出があり、誰しも好きなポテトチップスがある。ポテトチップスはいつも我々日本人の隣にあり、我々ひとりひとりの成長を見つめてきた。

ポテトチップスは紛れもなく、現代日本人の国民食なのだ。

おわりに

「ポテトチップスって、１００人に聞いたら90人以上が好きだと答えるんですよ」

「ポテトチップスが〝大嫌い〟と言っている人に、出会ったことがない」


ポテトチップスメーカーの方と話をしていると、頻繁にこんな話が出てくる。

改めて、なぜ日本人はこんなにもポテトチップスが好きになったのか。本書では「欲望の充足装置として機能したから」という論を軸としたが、取材先やポテトチップス好きとの雑談では、さまざまな人がさまざまな説を唱えていた。

「天ぷらやトンカツと同様、日本人は揚げ物が好きだから」

「ジャガイモの、それ自体は淡白な味で他の食材のうまみを引き出す性質が、和食の考え方に近かったから」

国産ポテトチップスのフレーバーバリエーションがここまで多いことについては、こんな自説を披露する人もいた。

「海外では毎日同じものを食べるのが基本だが、日本では毎日違うおかずを食べることにこだわるから」

「日本は国土が狭い割に、地方ごとに異なる料理文化がある。かつ、四季があるため時季によって手に入る食材が大きく異なるので、多様なものを口にするという食へのこだわりが、一般庶民の間でも非常に強い。だからこそ、たかだか小腹を満たすためのスナック菓子にこれほどの趣向を凝らした」

生ジャガイモの原則輸入禁止を「江戸時代の鎖国」と見立て、日本産ポテトチップスの独自進化を「江戸文化の成熟」に対応させて熱弁する人もいた。実に面白い。

ただ、どの話もなるほどと思う半面、特にエビデンスはない。しかし語りの熱量は一様に高い。人はポテトチップスの話となると、なぜか途端に饒舌になる。筆者の周りだけかもしれないが。

エビデンスがないついでに言っておこう。

おそらく日本人は、ポテトチップスが好きになったのではない。

ポテトチップスメーカーの先人たちが、日本人をポテトチップス好きにしたのだ。

彼らは日本人の味覚に合うフレーバーを探し、試行錯誤を重ねて開発し、人々に受け入れられる商品を生み出し続けた。日本人のポテトチップス好きは、戦後の短期間で成し遂げられた「人の作りし嗜好」である。ジャパニーズ・ポテトチップスは、日本人が極めて短期間の間に、ある意志のもと人為的に作り上げた食文化だ。

現代に連なる国産ポテトチップスのルーツは、「敗戦後に輸入されたアメリカ食品」というより、「ある個人が、ありあわせの機械を使って見様見真似で作った、純日本産のお菓子」の性質が強い。

日本人は海外のものをそのまま受け入れるのではなく、自分たちの嗜好や環境にフィットさせるべく、念入りに調整と改造を重ねる。本文中に挙げたラーメンやカレーはもちろん、軽自動車やリミテッドアニメや仏教も、その部類に入るだろう。

そもそも「日本語」が、そういう成り立ちだ。日本語は、日本に古くからある音節文字の平仮名と、中国由来である象形文字の漢字に加え、カタカナで外国語も同時に表記するという、世界でも類を見ない複雑かつ歪《いびつ》な構造をとっている。

自国文化をベースにアジアも欧米も節操なく取り入れ、こねくり回しながら、最終的には自家薬籠中の物としてしまう。日本人が古から得意とするそんな手腕は、ポテトチップスという フォーマット上でもいかんなく発揮された。

＊

本書の企画の発端は、2020年6月の湖池屋取材である。

ビジネスサイト「プレジデントオンライン」からの依頼で行った湖池屋取材があまりにも有意義で盛り上がったため、同行した担当編集者・斎藤岬氏と「日本のポテトチップス史は本になりますよね」と盛り上がったのだ。

以降、出版社も決まっていないのに、必ず決まると信じて、斎藤氏と二人三脚でコツコツと構想を練り、文献を集め、取材や調査を重ね、構成を固めていった。資料をいくら漁っても出てこなかったポテトチップス史のミッシングリンクが、関係者の一言によって突然解消されたり、ネットに流布している情報が「俗説」であることが判明したりと、調査は発見と喜びの連続だった。

2022年3月に朝日新聞出版に企画をもちかけた時点で、本の全体構成はほぼ固まっており、企画が通過した同年6月には「あとは調査で不明だった点をメーカーや協会などに取材して埋めれば、書き始められる」状態だった。

ところが、「公式」に聞きさえすればすべてが判明するだろう、という我々の考えは甘かった。

各社・各団体とも快く取材や問い合わせには応じてくれたが、「資料が残っておらず不明」「社内にそれを知る者がいない」といった回答が意外に多かったのだ。

国内ポテトチップス史の網羅的な編纂《へんさん》は、正真正銘、文字通りの「前人未到」だった。

しかし、だからこそ筆者と斎藤氏は燃えた。「未来のポテトチップス史研究者が、必ず参照する書物にしよう!」

＊

本書は多くの方々のお力添えによって完成した。この場を借りて深くお礼を申し上げる。

まず、何をおいてもフリーランスの編集者・斎藤岬氏だ。取材回りの仕切り、筆者との度重なる長時間ブレスト、各所への問い合わせ、文献調査をはじめとしたリサーチを、筆者の求めに応じて迅速かつ徹底的に行ってくれた。筆者が全幅の信頼を置く、きわめて有能な編集者である。本書においては担当編集者というより共同制作者、彼女がいなければ本書は絶対に形にならなかった。謝辞を送る相手というよりは、ともに完成を喜び合う同志である。

そして、国内ポテトチップスメーカーの両雄である湖池屋とカルビーの両社。取材や問い合わせに快く応じていただいただけでなく、自社に関わる記述の膨大なファクトチェックまで行ってくれた。

ここではっきりと言っておくが、本書は両社の「意向」を汲んだ書物では断じてない。確認してもらったのは取材時の発言と、こちらからお願いした事実確認の部分だけであり、その他すべての記述、本書の構成や論調については一切関与していない。無論だが、関与を求められることも一切なかった（そんなことは当たり前だと思われるかもしれないが、実は企業取材における好意的な「完全無関与」は稀有である）。両社の寛大な精神と多大な協力なしに、本書の成立はありえなかった。

なお湖池屋に関しては、同社マーケティング部と広報部の皆様に対して、特に最大限の感謝を捧げたいと思う。「プレジデントオンライン」での取材当初から、我々の熱意を、さらにとてつもない熱意で返していただいた。あの熱量の高い第1回取材がなければ、本書を企画しようとは考えなかっただろう。成増にある湖池屋本社にはその後も何度か伺ったが、社屋から駅までの帰り道では毎回、ポテトチップスのことを考えては幸せな気持ちに浸ることができた。ひとえにマーケティング部、広報部の皆様のおかげである。

同社代表取締役会長・小池孝氏にも、改めて感謝したい。国産ポテトチップス草創期を知る、まさしくレジェンド。言葉ひとつひとつに歴史の重みがあり、確かな記憶から繰り出される証言には、どんな文献にも勝る貴重な情報が詰まっていた。

細かな問い合わせにご回答いただいた、いも類振興会、さつまいもカンパニー、サントリーホールディングス、成城石井、ソシオ工房、日本スナック・シリアルフーズ協会、明治の各社にも、厚く御礼を申し上げる。

畑中三応子氏と大谷号氏にも、快く取材に応じていただいた。それぞれ近現代食文化のエキスパートとジャガイモのエキスパート。豊富な知見と目の覚めるような見解はすべてが興味深く、大いに執筆の助けとなった。こちらが聞いた以上のことを当たり前のように返してくれる両氏に、敬服の念が堪《た》えない。

プレジデントオンライン編集部には、同サイトの記事用に取材した内容の一部を本文に転用させてもらった。そもそも湖池屋取材のライターとして筆者に白羽の矢が立った理由は、同サイトの星野貴彦編集長が、筆者のポテトチップス好きを知っていたからだという。なんでも口に出して言っておくものである。

書籍化を実現してくれた朝日新聞出版・朝日新書編集長の宇都宮健太朗氏と、書籍編集担当の北畠夏影氏と飯塚大和氏にも大変お世話になった。宇都宮氏との仕事は数年ぶりだったが、それが自身初の「朝日新書での単著刊行」であったのは、なかなかに感慨深い。

そして、本書にも登場した母・敦子と父・善和にも感謝を。お菓子ばかり食べて夕飯が進まなかった小学生の筆者に、禁止することなく好きなだけポテトチップスを食べさせてくれた。あの頃食べたポテトチップスの味、それと分かちがたく結びついている生家の記憶は、生涯忘れることはないだろう。本書の副題どおり、筆者にとってポテトチップスは「人生に寄り添って」いる。

両親は筆者に、豊史《とよし》という名前をつけてくれた。やや珍しい名前なので、今までの人生で同じ名前の人に出会ったことはないが、ポテトチップス用として最も使用されているジャガイモの品種が「トヨシロ」だと知ったときの驚きは、格別のものであった。

その不思議な縁が、大好きなおやつで1冊の本が書ける幸運をもたらしてくれたのだと思う。ありがとう、ポテトチップス。

稲田豊史

令和五年二月

国内ポテトチップス年表

西暦（年）	国内ポテトチップス業界のおもな動き	関連する日本社会のおもな動き
1940	濱田音四郎、ハワイで友人とポテトチップスの製造販売を開始	
1941		真珠湾攻撃
1942		
1943		
1944		
1945		終戦
1946		
1947		団塊世代誕生（1947〜49年）
1948		
1949	松尾糧食工業設立	
1950	アメリカンポテトチップ社設立、「フラ印アメリカンポテトチップ」発売	
1951		
1952		
1953	湖池屋創業／菊水堂設立	

1954		
1955	松尾糧食工業、カルビー製菓に社名変更	高度経済成長期始まる（神武景気）
1956		
1957		
1958	湖池屋設立	
1959		
1960		
1961		
1962	「湖池屋ポテトチップス　のり塩」発売	
1963		
1964	（カルビー製菓「かっぱえびせん」発売）	東京オリンピック開催
1965		
1966		
1967	湖池屋、ポテトチップスの量産化	
1968	（米P&G「プリングルズ」発売）	
1969		第二次資本自由化、外食産業に外資が参入
1970		大阪万博開催／ケンタッキーフライドチキン国内1号店オープン／ダンキンドーナツ国内1号店オープン

1971		団塊ジュニア誕生（1971〜74年）／マクドナルド国内1号店オープン／ミスタードーナツ国内1号店オープン／カップヌードル発売
1972	（カルビー製菓「サッポロポテト」発売）	「飽食の時代」に突入
1973		
1974	日本ポテトチップ協会設立	
1975	「カルビーポテトチップス　うすしお味」発売	
1976	ヤマザキナビスコ「チップスター」発売／カルビー、藤谷美和子のTVCMを放映／「カルビーポテトチップス　のりしお」発売／トヨシロ品種登録	
1977		
1978	「カルビーポテトチップス　コンソメパンチ」発売	
1979	エスビー食品「5／8チップ」発売	
1980	カルビー、原料部門を「カルビーポテト」として会社化	
1981		
1982		
1983	カルビー「ルイジアナ」発売／カルビー、アルミ蒸着フィルムパッケージ導入	ファミコン発売
1984	湖池屋「カラムーチョ」発売	激辛ブーム到来

1985		「ドミノ・ピザ」国内1号店オープン
1986	湖池屋「カラムーチョチップス」発売	バブル景気始まる
1987	山芳製菓「わさビーフ」発売	
1988		東京・埼玉連続幼女誘拐殺人事件（1988～89年）
1989		
1990		スーパーファミコン発売
1991		バブル崩壊
1992	カルビー「ピザポテト」発売	
1993	カルビー「堅あげポテト」発売	岡崎京子『リバーズ・エッジ』連載（1993～94年）
1994	P&G「プリングルズ」日本本格上陸	プレイステーション発売
1995	カルビー「じゃがりこ」発売	
1996		「成人病」が「生活習慣病」に改称
1997		
1998	カルビー「チップスレッテン」OEM販売	
1999		
2000		
2001	湖池屋、フレンテの100%子会社になる	小泉内閣発足

2002		
2003	「カルビーポテトチップス　コンソメWパンチ」発売	新宿・伊勢丹「男の新館」が「メンズ館」に改装
2004		雑誌「ソトコト」ロハス特集
2005		「ヒルズ族」ブームに（2005～06年）／レクサス国内販売開始／三浦展『下流社会——新たな階層集団の出現』刊行
2006	カルビー「ポテリッチ」発売	小泉内閣の終焉／『かもめ食堂』公開
2007		マクドナルド「メガマック」発売
2008		リーマン・ショック／派遣村問題
2009	松本晃、カルビー会長に就任／カルビー、ペプシコと提携／カルビー、値下げ敢行	
2010		
2011		
2012		
2013		
2014	湖池屋「頑固あげポテト」発売／カルビー「グランカルビー」発売／カルビー・ヘテ製菓「ハニーバターチップ」韓国で発売	

2015	湖池屋「じゃがいも心地」発売／「湖池屋　工場直送便　ポテトチップス」発売／湖池屋、通販限定で「今金男しゃくポテトチップス」発売／『マツコの知らない世界』で菊水堂がフィーチャー	
2016	カルビー「ポテトチップスクリスプ」発売／佐藤章、湖池屋社長に就任	北海道で深刻な台風被害
2017	湖池屋「プライドポテト」発売／「ポテチショック」勃発	
2018	湖池屋「じゃがいも心地」リニューアル発売／湖池屋「ポテトの素顔」発売	
2019	カルビー「ザ・ポテト」発売／湖池屋「ブランド芋くらべ」シリーズ発売	
2020	湖池屋「プライドポテト　芋まるごと 食塩不使用」発売／「ハンターズ 黒トリュフフレーバーポテトチップス」ブームに	新型コロナウイルス感染拡大
2021		
2022	原材料価格とエネルギーコストの上昇により、ポテトチップス商品の値上げが相次ぐ	ロシアがウクライナに侵攻／円安進む
2023		

【注釈】

■序章

＊1　本書では「フレーバー」を「調味料などでポテトチップスに施された味付け」の意味として使用する。

＊2　1993年、カルビーが「北海道バターしょうゆ味」を発売してから市場に定着していった。

＊3　カルビー調べ。

＊4　農林水産省「令和3年度いも・でん粉に関する資料」の「ばれいしょの用途別消費の推移」より。2021年度分は概算値。

＊5　カルビーの決算資料によれば、2022年3月期の国内食品売上は2136億円。うちポテト系スナック売上は約1269億円（ポテトチップス売上は約834億円）。

＊6　農林水産省農産局地域作物課「ばれいしょをめぐる状況について」（2022年6月）によれば、「ばれいしょの国内需要は、近年320～340万トン程度で推移」しているので、これを日本の人口で割ると20kg台となる。

＊7　FAOSTAT「Food Balance」

＊8　「フードシステム研究」10巻（2003―2004）2号　松尾雅彦「スナックフーズビジネスにおける国際性（グローバリゼーション）と地域性―カルビーが追求する三つの戦略―」日本フードシステム学会

＊9　日本スナック・シリアルフーズ協会「スナック菓子の年別出荷数量及び金額」

＊10　ただし「品質面や安全面の追求において世界的にも群を抜いている」点に関して、大谷号は必ずしもポジティブに捉えていない立場をとる。「品質面の追求がコスト高の要因や、原料ジャガイモ生産者の収入に影響する側面もある。安全面については包装の過剰さなどネガティブに見ている部分もある」（同氏）。また、国内製造業者がジャガイモ品種に対して強いこだわりと高い意識を持っている点は認めたうえで、「国外の製造者、製品をこだわりの部分で低く見て

いるということはない」（同氏）

■第1章

＊11 『American Eats』「Salty Snacks」ヒストリーチャンネル、2006年

＊12 ota25（著）、大谷さん（編）『ジャガイモ学——日本ポテトチップス史』自費出版、2016年

＊13 アンドルー・F・スミス（著）、竹田円（訳）『ジャガイモの歴史』原書房、2014年

＊14 映画『ファウンダー ハンバーガー帝国のヒミツ』（監督：ジョン・リー・ハンコック、主演：マイケル・キートン、2016年）に詳しい。

＊15 「主人『モーレン』氏酒及ヒ蕃薯ノ油煎《アブラアゲ》ヲ供ス、是ハ蕃薯ヲ薄片ニ截《きり》テ、油ニテ煎熬《せんごう》セルモノニテ、此地ノ名産ナリトイフ」（久米邦武・編、田中彰・校注『特命全権大使 米欧回覧実記㈠』岩波文庫、1977年）。なお蕃薯《ばんしょ》とは本来サツマイモのことである。

＊16 『American Eats』「Salty Snacks」ヒストリーチャンネル、2006年

＊17 同前

＊18 『映像の世紀』「それはマンハッタンから始まった——噴き出した大衆社会の欲望が時代を動かした」NHK、1995年

＊19 同前

＊20 アンドルー・F・スミス（著）、竹田円（訳）『ジャガイモの歴史』原書房、2014年

＊21 「いも類振興情報 115号」一般財団法人 いも類振興会、2013年／同書によれば、入札メーカーの一般販売が始まったのは、朝鮮戦争終結（1953年）後よりさらに数年後。音四郎の「フラ印」発売（1950年）よりずっと後

のことである。

＊22 「オール生活」臨増　1983年7月号「ハワイから里帰り　国産ポテトチップスの〝生みの親〟」実業之日本社
＊23 「海外移住」第605号／2002年6月「特集　フロンティアスピリット～異文化体験とビジネス成功法～」国際協力事業団
＊24 魚柄仁之助『国民食の履歴書――カレー、マヨネーズ、ソース、餃子、肉じゃが』青弓社、2020年
＊25 カルビーによれば、レシピ記録が残っているのが1982年以降のため、それ以前の商品に入っているかどうかは不明とのこと。
＊26 『冷血』『ティファニーで朝食を』で知られる作家トルーマン・カポーティ（1924－84）は、『ポテト・ブック』（マーナ・デイヴィス著、伊丹十三・訳、1976年／2014年復刊）への寄稿で、オーブンで焼いたジャガイモを熱いうちに割り、サワークリームと缶から出したキャビアを山のようにかけて食べるのが自分にとって唯一のジャガイモの食べ方であると書いている。現在、輸入ポテトチップスの中にも「キャビア味」を見かけるが、これは決してゲテモノではなく、むしろアメリカ現代文学の大物も愛してやまなかったジャガイモの食べ方に倣ったものだ。
＊27 「いも類振興情報　115号」一般財団法人 いも類振興会、2013年
＊28 「いも類振興情報　98号」財団法人 いも類振興会、2009年
＊29 「いも類振興情報　115号」一般財団法人 いも類振興会、2013年
＊30 「オール生活」臨増　1983年7月号「ハワイから里帰り　国産ポテトチップスの〝生みの親〟」実業之日本社
＊31 「海外移住」第605号／2002年6月「特集　フロンティアスピリット～異文化体験とビジネス成功法～」国際協力事業団
＊32 なお『'70 食品マーケティング要覧　第1 スナック食品市場の展望』には、当時大手メーカーでオートメーション化、

すなわち機械化によって量産体制が取られていたのは「東京スナック、湖池屋、アメリカンポテトチップス等」で、その中でも東京スナックは、1963年4月に「アメリカフリートレイー社（フリトレー社）ハワイブランチ（支社）と機械導入及び技術提携」（カッコ内は筆者追記）をして売上を飛躍的に上げたとの記述がある。

*33 「いも類振興情報 98号」財団法人 いも類振興会、2009年

*34 小見出し「『貧者のパン』としてのジャガイモ」内の記述は全体として以下の4冊を参考とした。
伊藤章治『ジャガイモの世界史――歴史を動かした「貧者のパン」』中公新書、2008年
アンドルー・F・スミス（著）、竹田円（訳）『ジャガイモの歴史』原書房、2014年
山本紀夫『ジャガイモのきた道――文明・飢饉・戦争』岩波新書、2008年
マーナ・デイヴィス（著）、伊丹十三（訳）『ポテト・ブック』ブックマン社、1976年（2014年復刊）

*35 伊藤章治『ジャガイモの世界史――歴史を動かした「貧者のパン」』中公新書、2008年

*36 マーナ・デイヴィス（著）、伊丹十三（訳）『ポテト・ブック』ブックマン社、1976年（2014年復刊）

*37 アンドルー・F・スミス（著）、竹田円（訳）『ジャガイモの歴史』原書房、2014年

*38 同前

*39 同前

*40 マーナ・デイヴィス（著）、伊丹十三（訳）『ポテト・ブック』（ブックマン社、1976年〈2014年復刊〉）の記述を参考とした。

*41 伊藤章治『ジャガイモの世界史――歴史を動かした「貧者のパン」』中公新書、2008年

*42 同前

*43 いも類振興会（編）『ジャガイモ事典』いも類振興会、2012年

＊44　アンドルー・F・スミス（著）、竹田円（訳）『ジャガイモの歴史』原書房、2014年
＊45　ヨーロッパでも同様に、三十年戦争（1618‐48）で疲弊したドイツ農民を飢餓から救ったのはジャガイモだった。そのドイツに七年戦争（1756‐63）で5年間も捕虜として拘束されたフランスの薬剤師アントワーヌ＝オーギュスタン・パルマンティエ（1737‐1813）は、捕虜になっている時にドイツで散々食べさせられたジャガイモの栄養価を高く評価し、フランス帰国後にジャガイモ普及活動に身を捧げる。時の国王ルイ16世（1754‐93）はパルマンティエに感謝の意を表し、フランスで「家畜のエサ」だったジャガイモはやがて、畑中三応子が言うように「フランス料理で一番重要な野菜」となっていく。
＊46　小見出し「日本、ジャガイモ事始め」全体と、次の小見出し「コーンスターチの輸入で余った国産ジャガイモ」冒頭部の記述は『ジャガイモのきた道――文明・飢饉・戦争』を参考とした。
＊47　山本紀夫『ジャガイモのきた道――文明・飢饉・戦争』岩波新書、2008年
＊48　小池五郎『ポテトチップス栄養学』はーべすたあ編集室、1985年

■第2章

＊49　JA士幌町ウェブサイト内「農協記念館の案内」より。
＊50　「いも類振興情報　115号」一般財団法人 いも類振興会、2013年
＊51　広島産学協同懇談会（編）『トップが語る――広島中堅企業20社 下』中国新聞社、1981年
＊52　中國新聞「生きて・カルビー元社長　松尾雅彦さん（1941年〜）／⑤えびせん誕生　鮮度・丸ごとにこだわる」2010年4月13日
＊53　『中国地方の中堅企業』中国新聞社事業局出版部、1983年

＊54　エキサイトニュース「カールとかっぱえびせんの名コピーはいかに生まれたか」２００５年５月12日
＊55　『中国地方の中堅企業』中国新聞社事業局出版部、１９８３年
＊56　ｎｏｔｅ　カルビー公式アカウント「THE CALBEE」「『商売は人助け』おいしくて健康に良い商品づくりに生涯を捧げたカルビー創業者・松尾孝の情熱」２０２１年４月２日
＊57　『'70食品マーケティング要覧　第１　スナック食品市場の展望』富士経済、１９６９年
＊58　「宣伝会議」２０１５年10月号、「ロングセラーブランドのコミュニケーション戦略　カルビー『Calbeeポテトチップス』」宣伝会議
＊59　「フードシステム研究」10巻（２００３―２００４）２号　松尾雅彦「スナックフーズビジネスにおける国際性（グローバリゼーション）と地域性―カルビーが追求する三つの戦略―」日本フードシステム学会
＊60　カルビーが初めてジャガイモを使った商品は１９７１年12月に発売した「仮面ライダースナック」で、アメリカ産のマッシュポテト（ポテトフレーク）を使用していた（当時の社名はカルビー製菓）。
＊61　「いも類振興情報　１１５号」一般財団法人　いも類振興会、２０１３年
＊62　日経産業新聞「湖池屋、西日本に挑む――成長株は立体スナック」１９８３年４月７日
＊63　『'85食品マーケティング要覧　no.５　スナック＆菓子市場の徹底分析』富士経済、１９８５年
＊64　「商工ジャーナル」２００３年５月号「新しい価値を見出した商品に改良をしつづける――松尾雅彦・カルビー（株）社長に聞く」日本商工経済研究所
＊65　「いも類振興情報　１１５号」一般財団法人　いも類振興会、２０１３年
＊66　カルビー商品本部マーケティンググループマネージャー（当時）の加藤孝一は「流通問題」２０００年１月号「エクセレント・カンパニー　カルビーのマーケティングと流通政策――ポテトチップスからシリアル市場へ」（社団法人 流通

問題研究協会）で、「初年度はまったく売れなかった。問屋に押し込んでも返品になって戻ってくる」、松尾雅彦は「フードシステム研究」10巻（2003―2004）2号「スナックフーズビジネスにおける国際性（グローバリゼーション）と地域性―カルビーが追求する三つの戦略―」で、「はかばかしい戦果をあげることはできなかった」と、それぞれ述べている。

＊67 「商工ジャーナル」2003年5月号「新しい価値を見出した商品に改良をしつづける――松尾雅彦・カルビー（株）社長に聞く」日本商工経済研究所

＊68 『American Eats』「Salty Snacks」ヒストリーチャンネル、2006年

＊69 「フードシステム研究」10巻（2003―2004）2号　松尾雅彦「スナックフーズビジネスにおける国際性（グローバリゼーション）と地域性―カルビーが追求する三つの戦略―」日本フードシステム学会

＊70 明治製菓（現・明治）と士幌農協との製造販売契約が締結されたのは1974年7月。

＊71 広島産学協同懇談会（編）『トップが語る――広島中堅企業20社 下』中国新聞社、1981年

＊72 「商工ジャーナル」2003年5月号「新しい価値を見出した商品に改良をしつづける――松尾雅彦・カルビー（株）社長に聞く」日本商工経済研究所

＊73 「フードシステム研究」10巻（2003―2004）2号　松尾雅彦「スナックフーズビジネスにおける国際性（グローバリゼーション）と地域性―カルビーが追求する三つの戦略―」日本フードシステム学会

＊74 中國新聞「生きて・カルビー元社長　松尾雅彦さん（1941年～）／⑧失敗から学ぶ『鮮度、鮮度、鮮度だ』」2010年4月17日

＊75 日経流通新聞「ポテトチップス――辛口・厚切りが主流に　大手参入で販売競争激化」1986年1月13日

＊76 「フードシステム研究」10巻（2003―2004）2号　松尾雅彦「スナックフーズビジネスにおける国際性（グロー

バリゼーション）と地域性―カルビーが追求する三つの戦略―」日本フードシステム学会
＊77　同前
＊78　くろにゃこ。（まんが）、大畑英明（シナリオ）『文春まんが 読みとくシリーズ7 ポテトスナック ここが知りたい！』文藝春秋企画出版部、2021年
＊79　「いも類振興情報 115号」一般財団法人 いも類振興会、2013年
＊80　小見出し「ホクレン vs. カルビー」内のこれ以降の記述は、日本経済新聞「カルビーと農協 半世紀越し和解――中抜き取引で確執→農業振興で提携、産地の衰退に危機感」（2020年10月9日）を参考とした。
＊81　竹下大学『日本の品種はすごい――うまい植物をめぐる物語』中公新書、2019年
＊82　ウェブサイト「ジャガイモ博物館」内、「ポテトエッセイ第107話／カルビー・松尾孝さん」
＊83　公益社団法人農林水産・食品産業技術振興協会ウェブサイト内「ポテトチップス用ジャガイモ『トヨシロ』を育成した梅村芳樹」
＊84　畑中三応子『ファッションフード、あります。――はやりの食べ物クロニクル』ちくま文庫、2018年
＊85　「商工ジャーナル」2003年5月号「新しい価値を見出した商品に改良をしつづける――松尾雅彦・カルビー（株）社長に聞く」日本商工経済研究所
＊86　同前
＊87　厚生労働省「日本人の栄養・健康状態の変遷について」、厚生労働省「国民健康・栄養調査」ほか
＊88　「商工ジャーナル」2003年5月号「新しい価値を見出した商品に改良をしつづける――松尾雅彦・カルビー（株）社長に聞く」日本商工経済研究所
＊89　価格データの出典は茨城ほしいも対策協議会（1998年）

*90 ただし、東郷は舞鶴より先に広島県呉市に赴任しており、呉市も「肉じゃが発祥の地」としてPRしている。

*91 国立国会図書館デジタルコレクションにて閲覧。

*92 「フードシステム研究」10巻（2003―2004）2号 松尾雅彦「スナックフーズビジネスにおける国際性（グローバリゼーション）と地域性―カルビーが追求する三つの戦略―」日本フードシステム学会

*93 『'75 食品マーケティング要覧 no.3 スナック食品市場の将来』富士経済、1975年

*94 『'85 食品マーケティング要覧 no.5 スナック&菓子市場の徹底分析』富士経済、1985年

*95 はまれぽ.com「横浜にこんなすごい会社があった！ Vol.2「日本初となる『固形コンソメ』を開発、富士食品工業株式会社」」2013年9月3日

*96 畑中三応子『ファッションフード、あります。――はやりの食べ物クロニクル』ちくま文庫、2018年

*97 マクドナルドといえば、ハンバーガーの付け合わせとして多くの人がオーダーするのがフレンチフライ（マックフライポテト）。揚げたジャガイモという意味ではポテトチップスの兄弟分だが、日本のマクドナルドで日本産のジャガイモは一切使われておらず、すべてアメリカから冷凍されたものを輸入している。その意味で、マクドナルドのポテトは「のり塩」などのように和風アレンジを施されていない「本場そのままの味」である。

*98 佐藤昂『いつからファーストフードを食べてきたか』日経BP、2003年／ここでの「君」とは著者である佐藤のこと。

*99 『American Eats』「Salty Snacks」ヒストリーチャンネル、2006年

*100 日中に保護者がいない家庭の小学生児童が放課後に世話になる「学童保育」の施行は1998年4月なので、団塊ジュニアの子供時代にはまだない。

■第3章

＊101 デンプンの糊化のこと。
＊102 「商工ジャーナル」2003年5月号「新しい価値を見出した商品に改良をしつづける——松尾雅彦・カルビー(株)社長に聞く」日本商工経済研究所
＊103 「フードシステム研究」10巻（2003―2004）2号 松尾雅彦「スナックフーズビジネスにおける国際性（グローバリゼーション）と地域性―カルビーが追求する三つの戦略―」日本フードシステム学会
＊104 同前
＊105 『'75 食品マーケティング要覧 no. 3 スナック食品市場の将来』富士経済、1975年
＊106 『'85 食品マーケティング要覧 no. 5 スナック&菓子市場の徹底分析』富士経済、1985年
＊107 「宣伝会議」1988年10月号「宣伝セクション訪問シリーズ166 湖池屋 企画部」宣伝会議
＊108 巷で一定数流布している「アントニオ猪木がタバスコを日本に持ち込んだ」は誤りで、タバスコ自体は戦後から日本にあった。
＊109 畑中三応子『ファッションフード、あります。——はやりの食べ物クロニクル』ちくま文庫、2018年
＊110 「いも類振興情報 115号」一般財団法人 いも類振興会、2013年
＊111 ダイヤモンド・オンライン「『わさビーフ』社長が語る、普通の味のポテチを作らない理由」2016年6月2日
＊112 一般社団法人日本映画製作者連盟の統計資料より。
＊113 カルビーのウェブサイト内「ピザポテト」のページにも「当時、大人気だった宅配ピザに対抗できるポテトチップスとして誕生！」とある。
＊114 AERA dot.『「堅あげポテト」や「ピザポテト」を開発したカルビーの〝神〟が「かなわない」ともらした〝国民的

おやつ〟とは」2022年5月12日

＊115 「宣伝会議」1988年10月号「宣伝セクション訪問シリーズ166　湖池屋　企画部」宣伝会議

＊116 AERA dot.『『堅あげポテト』や『ピザポテト』を開発したカルビーの〝神〟が『かなわない』ともらした〝国民的おやつ〟とは」2022年5月12日

＊117 カルビーの御澤によれば、その理由は品質の作り込みに時間を要したからである。

＊118 大谷号『ジャガイモ学――日本ポテトチップス史』の分類も参考とした。

＊119 『American Eats』「Salty Snacks」ヒストリーチャンネル、2006年

＊120 小見出し「さらなる欲望の充足　②成型ポテトチップス」内、これ以降の「プリングルズ」開発に関する記述は『American Eats』「Salty Snacks」を参考とした。

＊121 なお1973年に東鳩東京製菓が「ポテコ」を発売しているので、「チップスター」は「初のファブリケートポテト」ではない。

＊122 ただしサントリーに問い合わせたところ、以下の回答を得た。「製品名の表記は『プリングル』で間違いありませんが、現在の『プリングルズ』と同じものかは不明です。ポテトチップで『プリングル』ですので、現在の『プリングルズ』の前身かと思われますが、完全に同じとは明言できません」

＊123 日本における「プリングルズ」は、その後2003年7月からは明治が販売総代理店として日本国内での販売権を持っていたが、2012年に米P&Gが米ケロッグに買収されたことに伴い、2012年12月をもって契約を終了。2013年1月からは森永製菓が日本ケロッグと販売店契約を締結して国内販売を担った。同契約は2020年3月に終了し、2020年4月以降は日本ケロッグの直販体制となっている。

＊124 日経産業新聞「湖池屋、西日本に挑む――成長株は立体スナック」1983年4月7日

＊125　『'85食品マーケティング要覧　no.5　スナック&菓子市場の徹底分析』富士経済、1985年
＊126　日経流通新聞「ポテトチップス――辛口・厚切りが主流に　大手参入で販売競争激化」1986年1月13日
＊127　東洋経済オンライン「カルビー『1位なのに低収益だった』意外な過去　高シェアでも安住してはならないという教訓」2020年8月27日

■第4章

＊128　アンドルー・F・スミス（著）、竹田円（訳）『ジャガイモの歴史』原書房、2014年
＊129　なお、『リバーズ・エッジ』に登場する副主人公で人気女子高生モデルの吉川こずえは、マコとは対照的な美人で皆の憧れの的だが、摂食障害を患っており、スリムな体型をキープするため料理やデザートを大量に食べてはその都度吐いている。同作において「食べ物」は全般的に喜びをもって描かれていない。
＊130　内閣府「平成16年版　少子化社会白書（全体版）」「第1部　少子社会の到来とその影響／第1章　少子化の現状はどのようになっているのか」
＊131　「公衆衛生研究　47巻3号」国立公衆衛生院、1998年9月
＊132　一般流通書籍が奥付に記載しているISBN（国際標準図書番号）が本書の奥付には記載されていない。
＊133　広島産学協同懇談会（編）『トップが語る――広島中堅企業20社　下』中国新聞社、1981年
＊134　「商工ジャーナル」2003年5月号「新しい価値を見出した商品に改良をしつづける――松尾雅彦・カルビー（株）社長に聞く」日本商工経済研究所
＊135　くろにゃこ。（まんが）、大畑英明（シナリオ）『文春まんが　読みとくシリーズ7　ポテトスナック　ここが知りたい！』文藝春秋企画出版部、2021年

＊136 カルビーのウェブサイトによれば「『60gポテトチップス』1袋には、中くらいの大きさ（約100g／個）のじゃがいもが2〜3個」使用されている。

＊137 NIKKEI STYLE「肥満増加の真犯人？　ポテトチップをやめられないワケ　食品に仕掛けられた至福の罠（2）」2014年8月24日

＊138 同前

＊139 NEWSポストセブン「ラーメンは『依存性』が高い？　医師が解説『もっと食べたくなる』理由」2021年8月21日

＊140 『American Eats』「Salty Snacks」ヒストリーチャンネル、2006年

＊141 Gigazine「『メガマック』売れすぎで本日から数量限定販売に移行」2007年1月17日、ナリナリドットコム「次のメガは何？『メガマック』の兄弟を当てて100個無料券をゲット。」2007年5月12日

＊142 一例として、マクドナルドのハンバーガーは2000年から2007年頃まで59〜80円だった。なお2023年1月16日からは170円である。

＊143 総務省統計局　統計Today №146「『平成』は、どのような時代だったか？〜人口減少社会『元年』、非正規雇用、女性活躍、デフレ〜」2019年5月30日

＊144 『下流社会――新たな階層集団の出現』には、「下流の女性は総じて食生活にも関心が弱い」とされ、データからも「添加物や栄養に関心が薄く、食生活が乱れがちであり、過食や拒食になる危険性も高い」と結論づけられている。

■第5章

＊145 東洋経済オンライン「カルビー『1位なのに低収益だった』意外な過去　高シェアでも安住してはならないという教

訓」2020年8月27日

＊146 カルビーウェブサイト「よくいただくご質問（カルビーの人気商品ベスト10はなんですか?）」

＊147 日経ビジネス電子版「菓子戦国時代、『カラムーチョ戦略』だけでは通用せず　湖池屋・小池会長が語るブランド復活」2020年2月18日

＊148 日本経済新聞「私のリーダー論　湖池屋　佐藤章社長（下）／『朝令朝改』いとわず変化即応」2019年11月7日

＊149「販促会議」2014年8月号「なぜ『頑固あげポテト』は、4カ月で1000万袋を突破した?」宣伝会議

＊150「販促会議」2015年9月号「『今しかない・ここしかない』カルビーに衝撃を与えた百貨店の常識」宣伝会議

＊151 プレジデントオンライン「湖池屋の『食塩不使用ポテチ』に飛びついたのは女子ではなくオジサンだった」2020年7月14日

＊152 一例として、2023年2月時点で「カルビーポテトチップス　うすしお味」のコンビニ仕様は80g、スーパーなどでは60g。

＊153 2020年までの「ブランド芋くらべ」は、塩以外のフレーバーもあったため比較しづらかったが、2021年から塩に統一されたことで〝改善〟された。

＊154 日本経済新聞「工場から自宅へ『できたて』ポテチ好評　埼玉・八潮の菊水堂」2015年7月22日

＊155 地域の名産品をフレーバー化した全国流通しないご当地ポテトチップス。「菊水堂」の社名はクレジットされない。

＊156 ITmedia ビジネスオンライン「マツコが絶賛した予約殺到の『できたてポテトチップ』！〝神がかったうまさ〟の舞台裏に迫る」2018年12月26日

＊157 菊水堂ウェブサイト内「苦情の窓辺」

＊158「いも類振興情報　132号」一般財団法人 いも類振興会、2017年

＊159 zakzak「テレビ業界『今年こそ』なにがなんでも制作費を上げろ！　リーマンショック以降、かれこれ15年も前から一度も上がらず」２０２３年1月5日

＊160 ３商品のＣＭを手掛けたのは１９７７年電通入社の佐藤雅彦。ＮＥＣ「バザールでござーる」など著名なＣＭを多数手掛ける。最初に手掛けた湖池屋のＣＭは１９８８年、「ぱりぱりのり塩、やっぱりのり塩」が連呼される「コイケヤ のり塩」。「広告代理店にＣＭをお願いする際、新人さんにやらせてあげてくれって言ってたんです。新人で、優秀な人をって。大手がやるＣＭは有名タレントさんを使って、きれいなイメージで仕上げるじゃないですか。うちはそうじゃなくてインパクト重視」（小池孝）。そうして出てきたのが佐藤だった。佐藤は電通退社後、プレイステーション用ゲーム『Ｉ．Ｑ インテリジェントキューブ』を企画したほか、『だんご3兄弟』の共同作詞・プロデュース、ＮＨＫ Ｅテレ『ピタゴラスイッチ』の監修も務める。

＊161 御澤によれば、海外は日本と異なる。例えば「Lay's」なら「Lay's」の下にたくさんのブランドが展開している。

＊162 奇しくも「ポテトチップスクリスプ」発売の２０１６年は、北海道が台風の影響を受けてジャガイモが不作となり、翌年のポテトチップス商品不足「ポテチショック」（P．２９６参照）を招いたタイミングだった。

＊163 ITmedia ビジネスオンライン「カルビーが『成型ポテトチップス』の開発を止めなかった理由」２０１６年10月15日

＊164 AERA dot.「『堅あげポテト』や『ピザポテト』を開発したカルビーの〝神〟が『かなわない』ともらした〝国民的おやつ〟とは」２０２２年5月12日

＊165 日本の商品でもカルビーの「シンポテト」はひまわり油を使用している。

＊166 プレジデントオンライン「成城石井でいちばん売れているポテトチップスが、なぜかドバイから輸入されている納得の理由」２０２２年10月7日／「ドバイは輸出より輸入がずっと多い港なので、コンテナがたまってしまうんですね。ずっと置いておくわけにはいかないけれど、空っぽのコンテナをそのまま戻すと無駄に輸送費がかかってしまう。だか

ら多少輸送費を安くしてでも、コンテナに何か入れて港から減らしたいという事情があります。成城石井が輸入を始めた当時は、このような状況からポテトチップスを相場より安く運べたんです」(成城石井・担当者)

*167 ねとらぼ「販売休止で品薄の『ピザポテト』、オークションサイトへの出品相次ぐ　1袋1万5000円で販売も」2017年4月10日

*168 日経電子版 MONO TRENDY ヒットを狙え「ポテトに料理の味わい　湖池屋がニューノーマルおやつ」2021年1月21日(日経クロストレンド 2020年12月22日の記事を再構成)

*169 出典:インテージ SRIデータ

*170 総務省統計局「家計調査年報(家計収支編)2021年(令和3年)」「同　平成17年(2005年)」

主要参考文献

【書籍】（著者名五十音順）

アンドルー・F・スミス（著）、竹田円（訳）『ジャガイモの歴史』原書房、2014年
アン・ルノー（文）、フェリシタ・サラ（絵）、千葉茂樹（訳）『せかいでさいしょのポテトチップス』BL出版、2018年
伊藤章治『ジャガイモの世界史――歴史を動かした「貧者のパン」』中公新書、2008年
いも類振興会（編）『ジャガイモ事典』いも類振興会、2012年
魚柄仁之助『国民食の履歴書――カレー、マヨネーズ、ソース、餃子、肉じゃが』青弓社、2020年
ota25（著）、大谷さん（編）『ジャガイモ学――日本ポテトチップス史』自費出版、2016年
岡崎京子『リバーズ・エッジ』宝島社、1994年
久米邦武（編）、田中彰（校注）『特命全権大使 米欧回覧実記㈠』岩波文庫、1977年
くろにゃこ。（まんが）、大畑英明（シナリオ）『文春まんが 読みとくシリーズ7 ポテトスナック ここが知りたい！』文藝春秋企画出版部、2021年
小池五郎『ポテトチップス栄養学』はーべすたあ編集室、1985年
坂戸佐兵衛（原作）、旅井とり（作画）『めしばな刑事タチバナ6 ポテトチップス紛争』徳間書店、2012年
佐藤昂『いつからファーストフードを食べてきたか』日経BP、2003年
竹下大学『日本の品種はすごい――うまい植物をめぐる物語』中公新書、2019年
中山淳雄『推しエコノミー 「仮想一等地」が変えるエンタメの未来』日経BP、2021年

畑中三応子『ファッションフード、あります。——はやりの食べ物クロニクル』ちくま文庫、２０１８年
速水健朗『フード左翼とフード右翼——食で分断される日本人』朝日新書、２０１３年
速水健朗『ラーメンと愛国』講談社現代新書、２０１１年
広尾克子『カニという道楽——ズワイガニと日本人の物語』西日本出版社、２０１９年
広島産学協同懇談会（編）『トップが語る——広島中堅企業20社 下』中国新聞社、１９８１年
マーナ・デイヴィス（著）、伊丹十三（訳）『ポテト・ブック』ブックマン社、１９７６年（河出書房新社より２０１４年復刊）
幕内秀夫『ポテチを異常に食べる人たち——ソフトドラッグ化する食品の真実』ＷＡＶＥ出版、２０１０年
先﨑千尋『ほしいも百年百話』茨城新聞社、２０１０年
三浦展『下流社会——新たな階層集団の出現』光文社新書、２００５年
山本紀夫『ジャガイモのきた道——文明・飢饉・戦争』岩波新書、２００８年
『'70 食品マーケティング要覧　第１ スナック食品市場の展望』富士経済、１９６９年
『'75 食品マーケティング要覧　no.３ スナック食品市場の将来』富士経済、１９７５年
『'85 食品マーケティング要覧　no.５ スナック＆菓子市場の徹底分析』富士経済、１９８５年
『２０１６年 食品マーケティング便覧』富士経済、２０１６年
『中国地方の中堅企業』中国新聞社事業局出版部、１９８３年

【雑誌・論文誌】（誌名五十音順）

「ＥＸ大衆」２０１７年７月号「ポテトチップス総選挙２０１７」双葉社

「ＥＸ大衆」２０２０年９月号「ポテトチップス・オブ・ザ・イヤー２０２０」双葉社
「いも類振興情報 98号」財団法人 いも類振興会、２００９年
「いも類振興情報 99号」財団法人 いも類振興会、２００９年
「いも類振興情報 １１５号」一般財団法人 いも類振興会、２０１３年
「いも類振興情報 １３２号」一般財団法人 いも類振興会、２０１７年
「オール生活」臨増 １９８３年７月号「ハワイから里帰り 国産ポテトチップスの〝生みの親〟」実業之日本社
「海外移住」第６０５号／２００２年６月「特集 フロンティアスピリット～異文化体験とビジネス成功法～」国際協力事業団
「関西ウォーカー」２０１８年５月22日号「大調査40 Ｆｉｌｅ.００３ ポテトチップス」ＫＡＤＯＫＡＷＡ
「月刊テーミス」２０１７年11月号「じゃがいも不作を乗り越え ポテチの湖池屋『発想転換』で躍進へ」テーミス
「月刊ＢＯＳＳ」２０１７年12月号「これからは『第３の創業期』鍵は日本的な世界観の再提案」経営塾
「公衆衛生研究 47巻３号」１９９８年９月「子どもの肥満とやせに関する近年の動向とその背景」国立公衆衛生院
「ＴＨＥ21」２０１７年12月号「商品に歴史あり ２８８『湖池屋ポテトチップス』」ＰＨＰ研究所
「週刊ダイヤモンド」２０１７年11月18日号「ものつくるひと 第95回『KOIKEYA PRIDE POTATO』」ダイヤモンド社
「週刊プレイボーイ」１９７８年11月７日号「学園祭でも大モテ、何故か気になるあの娘の人格 例のドタバタＣＦの怪あるいは快」集英社
「週刊プレイボーイ」２０１７年３月20日号「ポテトチップス55周年史」集英社
「週刊平凡」１９７８年６月15日号「ＣＭ裏ばなし ついに出た、キャンディーズのパロディーＣＭ カルビーポテト

チップス」マガジンハウス
「商工ジャーナル」２００３年５月号「新しい価値を見出した商品に改良をしつづける――松尾雅彦・カルビー（株）社長に聞く」日本商工経済研究所
「食品商業」１９７８年９月号「成型ポテトチップス　甘味ばなれのスナック食品として人気急上昇」商業界
「女性セブン」２０１９年６月27日号「ポテチ、大好き。」小学館
「宣伝会議」１９８８年10月号「宣伝セクション訪問シリーズ１６６　湖池屋　企画部」宣伝会議
「宣伝会議」２０１５年10月号「ロングセラーブランドのコミュニケーション戦略　カルビー『Calbeeポテトチップス』」宣伝会議
「ｄａｎｃｙｕ」２０１７年10月号「ひみつのポテチ」プレジデント社
「日経ビジネス」２０１０年７月26日号「特集〝やりすぎ〟カルビーの変身――ペプシコの軒借りて世界へ」日経ＢＰ社
「販促会議」２０１５年９月号『今しかない・ここしかない』カルビーに衝撃を与えた百貨店の常識」宣伝会議
「フードシステム研究」10巻（２００３―２００４）２号　松尾雅彦「スナックフーズビジネスにおける国際性（グローバリゼーション）と地域性―カルビーが追求する三つの戦略―」日本フードシステム学会
「流通問題」２０００年１月号「エクセレント・カンパニー　カルビーのマーケティングと流通政策――ポテトチップスからシリアル市場へ」社団法人 流通問題研究協会

【新聞】（五十音順および発行日順）
朝日新聞・東京版夕刊 カルビーポテトチップス広告 １９８１年10月26日
朝日新聞夕刊「甘い時代は大辛が好き」１９８５年12月10日

朝日新聞・神奈川版「スナック菓子大好きの小中高生　民間テスト機関が調査　神奈川」1988年6月21日
朝日新聞・埼玉版「脂肪がいっぱい、ファストフードやスナック菓子　熊谷でテスト」1990年1月17日
朝日新聞「大人向け菓子　悩みはカロリー表示　買い控えが心配　一方では問い合わせも」1994年9月30日
朝日新聞「天声人語」2017年4月15日
朝日新聞夕刊「ポテチショック『芋騒動』」2017年4月21日
朝日新聞「サザエさんをさがして」2020年10月3日
中國新聞「生きて・カルビー元社長　松尾雅彦さん（1941年〜）／⑤えびせん誕生　鮮度・丸ごとにこだわる」2010年4月13日
中國新聞「生きて・カルビー元社長　松尾雅彦さん（1941年〜）／⑧失敗から学ぶ　『鮮度、鮮度、鮮度だ』」2010年4月17日
東京朝日新聞朝刊「ジャガイモの西洋料理　おいしくてやさしい」1927年5月28日
日経産業新聞「湖池屋、西日本に挑む――成長株は立体スナック」1983年4月7日
日経産業新聞「ポテトチップス　変わり種続々登場、『ピザポテト』人気」1993年3月26日
日経産業新聞「『ポテチショック』影響広がる――『生きていけない』悲鳴　農家激励、高額出品も話題」2017年4月24日
日経流通新聞「ポテトチップス――辛口・厚切りが主流に　大手参入で販売競争激化」1986年1月13日
日本経済新聞「カウチポテト族急増、貸しビデオ店値下げ競争――『1泊』71円も登場」1988年1月27日
日本経済新聞「工場から自宅へ『できたて』ポテチ好評　埼玉・八潮の菊水堂」2015年7月22日
日本経済新聞「広がるポテチショック　競売に10万円で出品　販売休止前倒し」2017年4月13日

日本経済新聞「私のリーダー論　湖池屋　佐藤章社長（下）／『朝令朝改』いとわず変化即応」２０１９年11月7日
日本経済新聞「カルビーとホクレンが連携協定、ジャガイモ安定供給」２０２０年8月5日
日本経済新聞「カルビーと農協 半世紀越し和解――中抜き取引で確執→農業振興で提携、産地の衰退に危機感」２０２０年10月9日
読売新聞夕刊　カルビーポテトチップス コンソメパンチ広告 １９７９年11月24日

【映像】（番組タイトル五十音順）
『American Eats』「Salty Snacks」ヒストリーチャンネル、２００６年
『映像の世紀』「それはマンハッタンから始まった――噴き出した大衆社会の欲望が時代を動かした」ＮＨＫ、１９９５年

【協力】（会社名五十音順）
一般財団法人 いも類振興会
カルビー株式会社
株式会社湖池屋
さつまいもカンパニー株式会社
サントリーホールディングス株式会社
株式会社成城石井
株式会社ソシオ工房

日本スナック・シリアルフーズ協会
株式会社プレジデント社　プレジデントオンライン編集部
株式会社 明治
大谷号
畑中三応子

稲田豊史 いなだ・とよし
1974年愛知県生まれ。ライター、コラムニスト、編集者。横浜国立大学経済学部卒業後、映画配給会社、出版社を経て独立。著書に、「新書大賞2023」第２位の『映画を早送りで観る人たち　ファスト映画・ネタバレ――コンテンツ消費の現在形』(光文社新書)のほか、『セーラームーン世代の社会論』(すばる舎リンケージ)、『ドラがたり　のび太系男子と藤子・F・不二雄の時代』(PLANETS)、『ぼくたちの離婚』(角川新書)、『「こち亀」社会論　超一級の文化史料を読み解く』(イースト・プレス)、『オトメゴコロスタディーズ　フィクションから学ぶ現代女子事情』(サイゾー)、『こわされた夫婦　ルポ　ぼくたちの離婚』(清談社Publico)がある。

朝日新書
905

ポテトチップスと日本人《にほんじん》

人生に寄り添う国民食の誕生

2023年４月30日第１刷発行

著　者　稲田豊史

発行者　宇都宮健太朗
カバーデザイン　アンスガー・フォルマー　田嶋佳子
印刷所　凸版印刷株式会社
発行所　朝日新聞出版
〒104-8011　東京都中央区築地5-3-2
電話　03-5541-8832（編集）
　　　03-5540-7793（販売）

Published in Japan by Asahi Shimbun Publications Inc.
ISBN 978-4-02-295211-0
定価はカバーに表示してあります。

朝日新書

歴史の逆流
時代の分水嶺を読み解く

長谷部恭男
杉田　敦
加藤陽子

大戦時と重なる日本政府のコロナ対応の失敗、核保有大国による独立国家への侵略戦争、戦後初の首相経験者の殺害……戦前との連続性ある出来事が続くなか、歴史からどのような教訓をくみ取るべきか。憲法学・政治学・歴史学の専門家が、侵略・暴力の時代に抗する術を考える。

どろどろのキリスト教

清涼院流水

キリスト教は世界史だ。全キリスト教史、超入門。教会誕生から21世紀現在のキリスト教までの2000年間を、50のどろどろの物語を通じて描く。キリスト教初心者でも読めるように、素朴な疑問からカルト宗教、今日的な問題まで盛り込んだ教養を高める読みものです。

名著入門
日本近代文学50選

平田オリザ

作家と作品名は知っていても「未読」の名著。そんな日本近代文学の名作群を、劇作家・演出家の著者が魅力的に読み解く第一級の指南書。樋口一葉から鷗外、漱石、谷崎、川端、宮沢賢治、三島由紀夫、司馬遼太郎らまで、一挙50人に及ぶ名著を紹介。本を愛する読書人必読の書。

70代から「いいこと」ばかり起きる人

和田秀樹

最新科学では70歳以上の高齢者に関するポジティブなデータが発表され、「お年寄り」の実態は昔と今では大きく違っていた。これまで「高齢者の常識」を覆し続けてきた著者が、気休めではない最新の知見をもとに加齢によるいいことをアップデートし、幸福のステージに向かうための実践術を提案!!

朽ちるマンション　老いる住民

朝日新聞取材班

管理会社「更新拒否」、大規模修繕工事の水増し請求、認知症の住民の増加——。建物と住民の高齢化問題に直面した人々の事例を通し、マンションという共同体をどう再生していくのかを探る。「朝日新聞」大反響連載、待望の書籍化。

お市の方の生涯

「天下一の美人」と娘たちの知られざる政治権力の実像

黒田基樹

お市の方は織田家でどのような政治的立場に置かれていたか？　浅井長政との結婚、柴田勝家との再婚の歴史的・政治的な意味とは？　さらに3人の娘の動向は歴史にどう影響したのか？　史料が極めて少なく評伝も皆無に近いお市の方の生涯を、最新史料で読み解く。

「外圧」の日本史
白村江の戦い・蒙古襲来・黒船から現代まで

本郷和人
簑原俊洋

遣唐使からモンゴル襲来、ペリーの黒船来航から連合国軍による占領まで、日本が岐路に立たされる時、そこにはつねに「外圧」があった——。メディアでも人気の歴史学者と気鋭の国際政治学者が、対外関係の歴史から日本の今後を展望する。

スマホはどこまで脳を壊すか

榊 浩平／著
川島隆太／監修

何でも即検索、連絡はSNS、ひま潰しに動画やゲーム……スマホやパソコンが手放せない〝オンライン習慣〟は、脳を「ダメ」にする危険性も指摘されている。その悪影響とは——、「脳トレ」の川島教授率いる東北大学の研究チームが最新研究から明らかに。

2035年の世界地図
失われる民主主義 破裂する資本主義

エマニュエル・トッド
マルクス・ガブリエル
ジャック・アタリ
ブランコ・ミラノビッチほか

戦争、疫病、貧困と分断、テクノロジーと資本の暴走——歴史はかつてなく不確実性を増している。「転換点」を迎えた世界をどうとらえるのか。縮みゆく日本で、私たちがなしうることは何か。人類最高の知性の目が見据える「2035年」の未来予想図。

新宗教 戦後政争史

島田裕巳

新宗教はなぜ、政治に深く入り込んでいくのか？ この問いは、日本社会のもう一つの素顔をあぶりだす。新宗教は高度経済成長の産物であり、近代日本社会の宗教体制を色濃く反映している。天皇制とのかかわりに特に着目すれば、「新宗教とは何か」が見えてくる！

朝日新書

自分が高齢になるということ【完全版】

和田秀樹

「ボケは幸せのお迎えである」――高齢者の常識を次々と覆してきた老年医学の名医が放つ新提唱！　セカンドステージが幸福に包まれる、とっておきの秘訣とは⁉　老いに不安を抱くすべての人のバイブル！　10万部ベストセラーの名著が書き下ろしを加え待望復刊‼

早慶MARCH大激変
「大学序列」の最前線

小林哲夫

早慶MARCH（早稲田・慶應・明治・青学・立教・中央・法政）の「ブランド力」は親世代とは一変した！　難易度・就職力・研究力といった基本情報からコロナ禍以降の学生サポートも取り上げ、各校の最前線を紹介。親子で楽しめる一冊。

徳川家康の最新研究
伝説化された「天下人」の虚像をはぎ取る

黒田基樹

実は今川家の人質ではなく厚遇されていた！　嫡男と正妻を自死に追い込んだ信康事件の真相とは？　最新史料を駆使して「天下人」の真実に迫る。通説を覆す新解釈が目白押しの刺激的な一冊。〝家康論〟の真打ち登場！　大河ドラマ「どうする家康」をより深く楽しむためのに。